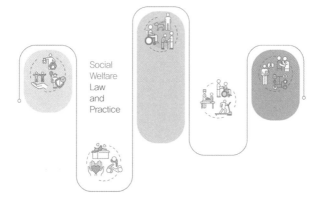

Social
Welfare
Law
and
Practice

사회복지법제와 실천
핵심 가이드

김수정 저

학지사

이 저서는 2020학년도 국제사이버대학교
연구비에 의하여 연구된 것임.

머리말

사회복지법에 대해 책을 쓰고 강의를 한 지 10년이 넘었다. 그동안 계속 듣는 말이 "사회복지법 너무 어려워요."이다. 익숙하지 않을 뿐 사실 사회복지법은 그렇게 어렵지 않다고 생각한다. 그리고 이전에 필자가 쓴 사회복지법 책은 사회복지법에 대한 학생들의 두려움을 없애는 데 조금이나마 도움이 되었을 것이라 믿는다.

하지만 기존의 『사회복지법제와 실천』 책은 사회복지법에 대한 개론서의 성격이 강하고 사회복지사 1급 시험에 대한 준비도 할 수 있도록 구성되어 있기에 여전히 어려운 부분이 있었다. 그래서 이번에는 사회복지법에 대해 좀 더 친숙하게 느낄 수 있도록 하는 데 초점을 두고 이 책을 구성하였다.

이론적인 부분은 가급적 줄이고 공공부조법, 사회보험법, 사회서비스법으로 크게 나누어 개별 법들을 간단하게 소개했다. 그리고 핵심적으로 기억해야 하는 용어는 본문 중간중간에 질문으로 만들어 제시했다. 답을 찾으면서 학생들이 중요한 내용을 한 번 더 생각해 볼 수 있을 것이다. 관련 내용이 담긴 동영상 자료들을

QR code로 삽입했는데, 공부하다가 머리를 식힐 겸 동영상을 보는 것도 도움이 될 것이라 생각한다.

이 책을 준비하면서 조금 욕심이 생겼다. 사회복지를 전공하는 사람들뿐만 아니라 일반 대중들도 사회복지법에 대해 관심을 많이 가져 주었으면 좋겠고, 이 책이 그 계기가 되었으면 좋겠다. 이 책과 함께하는 모든 분에게 깊은 감사를 드린다.

2021. 2.

김수정

차례

1장

사회복지제도와 법

1. 사회복지제도의 구성

자본주의가 나타나기 이전의 사회는 개인이나 가족공동체가 여러 위험에 대처해 왔다. 그러나 자본주의가 발달함에 따라 개인이나 가족이 사회적 위험에 대처하지 못하게 되었고 이에 대응하기 위해 나타난 제도가 사회복지이다. 그래서 사회복지는 크게 소득과 돌봄이라는 두 가지를 보장하기 위한 목적을 지닌다.

사회복지제도는 [그림 1-1]과 같이 「사회보장기본법」의 구분에 따라 사회보험, 공공부조, 사회서비스로 나눌 수 있다. 이 중 사회보험과 공공부조는 소득을 보장하기 위한 목적을 지니고 있고, 사회서비스는 돌봄(care)을 사회적으로 대신해 주기 위한 목적을 가지고 있다.

사회보험과 공공부조는 소득을 보장한다는 동일한 목적을 지녔고 국가가 관장하지만, 적용 대상과 방법이 다르다. 사회보험은 국민에게 발생할 위험을 보험의 형식으로 대비한다. 다시 말해, 노동 능력이 있는 사람들은 평소에는 소득도 있고 생활을

[그림 1-1] 사회복지제도

잘 유지하다가도 은퇴, 질병, 실업, 산업재해 등의 사회적 위험을 겪게 되면 소득을 상실하고 빈곤층으로 떨어질 수 있다. 그렇기 때문에 자신이 평소에 기여금(보험료)을 내고 있다가 사회적 위험을 만나면 급여를 받음으로써 소득을 보장받아 위험을 벗어나게 하는 것이 사회보험이다. 이러한 사회보험으로는 국민연금(노령으로 소득중단에 따른 소득보장), 국민건강보험(질병에 의한 소득중단에 따른 소득보장), 고용보험(실직으로 인한 소득중단에 따른 소득보장), 산업재해보상보험(산업재해로 인한 소득중단에 따른 소득보장) 등이 있다.

공공부조는 생활유지능력이 없거나 생활유지가 어려운 국민의 생계를 국가가 보호함으로써 소득을 보장한다. 그래서 자산조사를 통해 빈곤선과 같은 최저소득을 정하고 그 기준 이하의 사람들만 조세로 지원을 해 준다. 국민기초생활보장제도, 의료급여제도 등이 있으며, 장애인연금과 기초연금도 공공부조제도에 속한다.

물음 1-1

소득보장을 위한 사회복지제도는 _____와 _____이다.

한편, 사회서비스는 소득에 상관없이 돌봄이 필요한 사람들에게 상담, 재활, 돌봄, 정보 제공, 사회복지 시설 이용 등의 서비스를 제공하는 제도이다. 사회보험이나 공공부조와는 달리 국가뿐만 아니라 민간도 서비스를 제공하는 주체가 될 수 있다. 재원은 사용자의 이용료와 후원금으로 이루어지며, 이용자의 소득에 따라 정부의 조세도 지원된다. 사회보험과 공공부조가 아닌 제도는 대부분 사회서비스이다. 대표적인 것으로 사회복지관에서 제공되는 서비스, 시설보호, 보육서비스 등이 있다.

2. 사회복지정책과 사회복지법

사회복지정책은 사회문제를 해결하기 위한 정부의 계획이다. 그래서 소득과 관련된 사회문제를 해결하려면 사회보험이나 공공부조와 관련된 정책을 만들어야 하고 돌봄과 관련된 사회문제를 해결하려면 사회서비스와 관련된 정책을 만들어야 한다. 만들어진 정책이 실현되기 위해서는 관련된 제반조건(대상, 급여,[1] 인력, 시설, 재원)이 마련되어야 하고 이러한 제반조건을 의무적으로 마련한 내용이 법이라고 할 수 있다.

---

[1] 급여는 정책의 결과로 이용자(클라이언트)에게 제공되는 것을 모두 말하며, 현금, 현물, 서비스이용권(바우처), 교육, 상담 등이 이에 속한다.

예를 들면, 아동학대라는 사회문제가 있는데, 그중에서 아동학
대행위자 중 재범비율이 높은 것을 해결하기 위한 대안으로 아동
학대행위자들에 대한 가중처벌과 아동학대 예방교육의 강화가 정
책으로 선정되었다고 하자. 아동학대 예방은 사회서비스제도에
속하고 이미 아동학대에 대한 내용이 「아동복지법」에 규정되어 있
으므로 정책을 실현하기 위해서는 관련된 내용을 담을 수 있도록
「아동복지법」을 개정해야 한다. 구체적으로 「아동복지법」에서 상
습적인 아동학대행위자에 대해서 가중처벌하도록 벌칙에 규정하
고, 지상파방송사업자에게 비상업적 공익광고로 아동학대 예방 홍
보영상을 송출할 수 있도록 관련된 조항을 신설함으로써 정책은
실현된다. 이렇듯 추상적이었던 정책의 목적과 내용이 법을 통해
구체적이고 실현 가능한 내용으로 나타나게 된다(김수정, 2019).

3. 사회복지실천과 사회복지법

사회복지정책 및 사회복지법과 연결해서 사회복지실천을 이야
기하면 다음과 같다. 사회복지정책과 관련된 내용이 법에 규정되
고 그 법에 규정된 기준 및 조건에 따라 이용자에게 급여를 전달
하는 것이 사회복지실천이다. 따라서 각종 사회보험법으로부터
사회서비스법까지 구체적인 법조항을 통하여 공식적으로 이용자
들이 어떤 종류의 급여와 규모를 지원을 받을 수 있는지에 대해
파악이 가능하다. 지원을 받지 못했을 경우에는 권리구제나 벌칙
조항을 통해 이용자들의 문제해결도 가능하다.

한편, 사회복지실천을 통해 정책의 문제를 찾고 이에 대한 개선이 가능하다. 즉, 법에 규정되어 있지 않아 서비스 지원의 사각지대가 발생하면 이러한 사각지대를 없애기 위해 사회복지사들은 법 개정을 통해 정책을 개선해야 한다. 예를 들면, 국민기초생활보장 수급권자가 되기 위해서는 부양의무자의 조건이 중요한데, 현재 부양의무자의 조건은 '1촌 이내의 직계혈족'이라고 되어 있다. 이로 인해 실질적으로 수급권자가 될 수 있는 사람이 적고 공공부조의 지원을 받지 못하는 실질적 빈곤 상태인 사각지대의 사람들이 많다고 하자. 이러한 사례를 사회복지사들이 발굴하여 지속적으로 문제제기를 하게 되고 이것이 사회적 이슈로 받아들여진다면, 부양의무자 조건이 폐지될 수 있다. 이렇게 부양의무자 조건 폐지가 정책적으로 결정되면 「국민기초생활 보장법」에 명시되어 있는 '부양의무자' 조항이 삭제되고 부양의무자 조건으로 인해 빈곤 사각지대에 있던 사람들이 국민기초생활보장제도의 혜택을 받을 수 있다. 따라서 사회복지사들은 사회복지실천 현장에서 정책과 법이 놓치고 있는 사각지대를 찾아서 사회에 알려야 한다. 그렇게 된다면 정책과 법이 변화될 수 있으며, 이때 구체적인 사례를 발굴하여 제시하는 것이 정책과 법의 문제를 알리는 데 도움이 된다(김수정, 2019).

4. 사회복지사의 역할

사회복지법에 있어 사회복지사의 역할은 크게 세 가지로 나누어 살펴볼 수 있다(김수정, 2019).

첫째, 이용자를 대변하는 옹호자로서 사회복지법을 제정하고 개정하는 입법과정에 참여해야 한다. 사회복지사가 옹호해야 하는 이용자들은 스스로 사회에 목소리를 내기 어려운 사람들인 경우가 많다. 따라서 이들의 입장을 대변하여 법의 사각지대를 찾아내서 이를 보완하기 위한 입법활동에 참여하여야 한다. 즉, 입법의 필요성 제기, 서명운동, 집회 등을 전개함으로써 입법과정에 참여해야 한다.

둘째, 법의 안내자의 역할을 해야 한다. 법은 약속이기 때문에 이 약속을 잘 알아야 자신의 권리를 보장받을 수 있고, 한편으로는 하지 말아야 할 것들이 무엇인지도 법을 통해 알 수 있다. 그러나 사회복지사들이 만나는 사람들 중 많은 경우는 법을 잘 몰라서 혜택을 받지 못하고 있다. 더 나아가 의도하지 않게 법을 어기는 경우들이 생길 수도 있다. 따라서 사회복지사는 법을 소개하고 내용을 사람들에게 알려 주어 그들이 스스로 자신의 권리를 찾을 수 있도록 지원해야 한다.

셋째, 이용자들과 함께 법에 맞서 싸울 수 있는 협력자의 역할을 해야 한다. 역사상 어떤 기본권도 기득권층의 일방적 시혜로 주어지지는 않았기에, 시대가 변하고 새로운 권리들이 만들어져야 할 때는 당연히 기득권과의 투쟁이 필요하다(김두식, 2011: 42-43). 따라서 사회복지사의 역할은 사람들이 스스로 권리를 찾을 수 있도록 안내하는 동시에, 함께 그 권리를 찾는 싸움에 동행하고 참여해야 한다. 이렇게 함께 싸워 가는 것이 인권 실천가인 사회복지사의 역할 및 영역의 확대뿐 아니라 우리가 그토록 주장하는 전문

참정권 획득

세계여성 참정권
운동사

성에 조금 더 가까이 다가갈 수 있는 길이라고 생각한다.

물음 1-2

_____는 클라이언트의 삶 가까이 있는 존재로서 입법과 개정에서 사회적 합의를 이끌기에 충분한 전문 인력이다.

5. 법령의 형식과 입법과정[2]

1) 법령의 형식

사람들이 법을 어려워하는 이유 중의 하나는 법에 익숙하지 않아서 미리 겁을 먹기 때문이다. 이는 법을 접해 볼 기회가 없었기 때문으로, 법과 친해지기 위해서는 법을 자주 들여다보아야 하고, 이를 위해서는 법령의 형식을 아는 것이 필요하다.

법령은 법형식, 공포번호, 제명, 본칙 및 부칙의 부분으로 구성된다. 법형식은 법률, 대통령령, 부령 등 법령의 종류를 말하고, 공포번호는 법령의 법형식별로 붙이는 일련번호를 말한다. 제명은 법령의 이름이고, 본칙은 그 법령의 본체적 사항을 규정하는 부분으로 여기서 거의 모든 실제적인 내용을 다루게 된다. 부칙은 법령의 본체적 규정사항에 부수되거나 경과적인 성격의 사항(예: 시행일, 경과조치 등)을 규정하는 부분을 말한다.

법령을 입안할 때에는 반드시 조문형식에 의하여야 한다. 법령

2) 이 절은 김수정(2019)의 내용을 중심으로 정리하였다.

안의 형식은 법형식, 공포번호, 제명 부분을 제외하면 크게 본칙과 부칙(부칙 다음에 별표 또는 별지서식이 추가되는 경우도 있다)으로 나뉘는데, 본칙은 조, 항, 호, 목의 순서에 의한 조문형식으로 작성한다. 법령의 조문 수가 많고 이를 성질에 따라 몇 개의 군으로 나누는 것이 법령의 이해에 편리한 경우에는 이를 몇 개의 장으로 구분할 수 있다(예:「국민연금법」). 그리고 장은 다시 절, 관의 순서로 세분할 수 있는데, 조문 수가 많은 경우에는 장의 위에 편을 둘 수도 있다(예:「민법」). 장, 절을 둘 경우에는 그 장, 절의 내용을 대표할 수 있는 장명 또는 절명 등을 붙인다.

　법령의 본칙은 원칙적으로 '조'로 구분하며, 조에는 조의 제목을 붙여 '제○조(○○) ─────.' 형식으로 작성한다. 그리고 조의 내용을 다시 구분할 필요가 있는 경우에는 조를 '항'으로 세분할 수 있으며, 항은 '① ─────.' 형식으로 작성한다. 항의 내용을 다시 구분할 필요가 있는 경우에는 항을 '호'로 세분할 수 있으며, 호는 '1. ─────.' 형식으로 작성한다. 호의 내용을 다시 구분할 필요가 있는 경우에는 호를 '목'으로 세분할 수 있으며, 목은 '가. ─────.' 형식으로 작성한다. 조문형식으로 열거하는 사항을 문장으로 표시하기 곤란한 때에는 조문 중에서 표, 수식 또는 그림 형식으로 작성할 수 있으며, 별표, 별지서식 등으로 부칙 다음 부분에 작성할 수도 있다.

　부칙의 경우에는 항으로 구분하는 것을 원칙으로 하되, 항의 수가 다섯 개를 초과한 경우에는 조로 구분할 수 있다.

　[그림 1-2]는 법령의 형식에 대한 이해를 돕기 위해 법률인「국민기초생활 보장법」을 예로 든 것이다.

법형식 및 공포번호	_법률 제8852_호
제명	국민기초생활 보장법
본칙	제1장 총칙 제1조(목적) 이 법은 생활이 어려운 사람에게 필요한 급여를 실시하여 이들의 최저생활을 보장하고 자활을 돕는 것을 목적으로 한다. 제2조(정의) ––––––––––––––––––––. 제2장 급여의 종류와 방법 제7조(급여의 종류) ① 이 법에 따른 급여의 종류는 다음 각 호와 같다. 　1. 생계급여 　2. 주거급여 　3. 의료급여 　4. 교육급여 　5. 해산급여(解産給與) 　6. 장제급여(葬祭給與) 　7. 자활급여
부칙	부칙〈제6024호, 1999. 9. 7.〉 제1조(시행일) 이 법은 2000년 10월 1일부터 시행한다.[3] 다만, 제5조 제1항의 규정은 2003년 1월 1일부터 시행한다. 제2조(다른 법률의 폐지) 생활보호법은 이를 폐지한다.

[그림 1-2] 법령의 형식 예시

3) 「국민기초생활 보장법」은 1999년 9월 7일 공포되었으나 실제 시행은 2000년 10월 1일부터 되었다. 이처럼 공포일과 시행일이 다른 경우가 많다.

2) 입법과정

입법과정을 좁은 의미로 볼 때에는 국회(입법부)에 법률안이 제출되는 시점부터를 의미한다. 그러나 일반적인 의미에서 볼 때 입법절차는 정부(행정부)에서 입법이 준비되는 과정, 정당 또는 이익집단 등이 행하는 입법에 관한 활동 및 여론의 조성활동 등 정책의 공식화 과정, 입법에 관한 의견 제시 등 법의 제·개정 등에 영향을 미치는 모든 활동과 요인 등이 포함되는 과정으로 인식되고 있다. 그러므로 입법절차는 의회와 정부는 물론 정당이나 이익집단, 선거구민, 사법부, 입법전문가단체 등의 상호작용이 입법체계(立法體系, legislative system)를 구성하고 이러한 입법체계에 여론, 행정적 요청, 국민적 요청, 압력단체의 주장, 시민운동, 외국의 동향 등의 투입요인이 작용하여 모든 집단의 이해와 대립을 조정하는 과정의 동태적(動態的) 질서로 파악할 수 있다(조영규, 2008: 88).

우리는 흔히 입법이라고 하면 법률의 형식으로 제·개정되는 것만 생각하지만 명령(대통령령인 시행령, 총리령과 부령인 시행규칙)과 같은 행정입법도 입법에 포함된다. 다만, 이 책에서는 국회에서의 입법절차만 소개하도록 하겠다. 국회에서의 입법절차는 [그림 1-3]과 같으며, 국회에서의 입법과정 중 가장 중요한 것은 상임위원회 심사단계이다.

물음 1-3

국회에서 입법과정 중 가장 중요한 것은 _____ 심사 단계이다.

제안(제출)	• 국회의원 10인 이상	– 제안: 국회의원 10인 이상의 찬성 ※ 위원회도 그 소관에 속하는 사항에 관하여 법률안 제안
	• 정부	– 제출: 국무회의 심의를 거쳐 대통령이 서명하고, 국무총리 · 관계 국무위원이 부서하여 제출
위원회 회부 입법 예고	• 국회의장	– 국회의장은 법률안이 발의 또는 제출되면 이를 의원에게 배부하고 본회의에 보고한 후(폐회, 휴회 등으로 보고할 수 없을 때에는 생략), 소관 위원회에 회부하여 심사하게 함
위원회 심사	• 상임위원회	– 위원회는 회부된 법률안에 대하여 위원회 상정 → 제안자 취지 설명 → 전문위원 검토보고 → 대체토론 → 소위원회심사보고 → 축조심사 → 찬반토론 → 의결(표결)의 순서로 심사
법제사법위원회 체계 자구심사	• 법제사법위원회	– 위원회의 심사를 마친 법률안은 법제사법위원회에 회부되어 체계 · 자구심사를 거치게 됨
전원위원회 심사		– 위원회의 심사를 거치거나 위원회가 제안하는 의안 중 정부조직에 관한 법률안, 조세 또는 국민에게 부담을 주는 법률안 등 주요 의안에 대해서는 당해 안건의 본회의 상정 전이나 상정 후 재적의원 4분의 1 이상의 요구가 있으면 의원 전원으로 구성되는 전원위원회의 심사를 거침
본회의 심의 · 의결		– 체계 · 자구심사를 거친 법률안은 본회의에 상정되어 심사보고, 질의 · 토론을 거쳐 재적의원 과반수의 출석과 출석의원 과반수의 찬성으로 의결됨
정부이송		– 국회에서 의결된 법률안은 정부에 이송되어 15일 이내에 대통령이 공포함
대통령의 거부권행사		– 법률안에 이의가 있을 때에는 대통령은 정부이송 후 15일 이내에 이의서를 붙여 국회로 환부하고, 그 재의를 요구할 수 있음 – 재의요구된 법률안에 대하여 국회가 재적의원 과반수의 출석과 출석의원 3분의 2 이상의 찬성으로 전과 같은 의결을 하면 그 법률안은 법률로서 확정됨 – 정부이송 후 15일 이내에 대통령이 공포하지 않거나 재의요구를 하지 않는 경우 그 법률안은 법률로서 확정됨
공포		– 대통령은 법률안이 정부에 이송된 지 15일 이내에 공포하여야 함 – 법률로 확정되거나 확정 법률의 정부이송 후 5일 이내에 대통령이 공포하지 않을 경우 국회의장이 공포함 – 법률은 특별한 규정이 없으면 공포한 날부터 20일을 경과함으로써 효력이 발생함

[그림 1-3] 국회 내 입법절차

출처: 대한민국 국회(www.assembly.go.kr).

우리나라의 법률은 제정하는 법률과 개정하는 법률(전부개정, 부분개정),[4] 폐지[5]하는 법률로 분류할 수 있다. 이러한 법률이 거치는 절차는 서로 비슷하고, 다른 점이 있다면 입안형식이나 내용이 약간씩의 차이를 지닌다는 점이다. 행정부와 입법부의 분립이 정확한 미국과 달리 우리나라에서 법률안을 제출할 수 있는 주체는 국회의원(10인 이상이 찬성)과 정부이다(「헌법」 제52조). 의원발의법률안은 순수의원발의형식의 경우, 정부 또는 제3자가 기초하여 제공하는 안을 근간으로 의원이 입안하여 제출하는 경우, 정부가 마련한 안을 의원을 통하여 제출하는 경우, 연구원, 관련단체 등이 마련한 안을 의원을 통하여 제출하는 경우 등 그 입안과정이 다양하다. 또한 위원회도 소관 사항에 관한 법률안을 입안하여 위원장 명의로 제출할 수 있도록 하고 있다. 위원회 제안 법률안도 넓은 의미의 의원 발의 법률안에 포함된다.

물음 1-4

국회에서 상임위원회도 소관 사항에 관한 법률안을 _____ 명의로 제출할 수 있다.

▶ 정부 입법절차

국회의원이 발의한 법안과 정부 각 부처에서 소관 사무에 관하여 작성한 법안은 각각 다른 입법절차를 거치게 되지만, 최종적으

---

4) 기존 법령을 개정하려는 경우에는 원칙적으로 부분개정(일부개정)의 방법을 취하되, 개정되는 조문 수가 전체 조문의 3분의 2 이상인 경우나 법령의 주요내용을 근본적으로 변경하려는 경우에는 통상 전문개정(전부개정)의 방식을 취한다. 부분개정의 경우에는 신·구조문대비표를 작성하여 첨부한다(김승열, 2008: 152).

5) 신·구법 간에 동일성을 유지하는 경우에는 전문개정이지만, 「국민기초생활 보장법」처럼 기존의 「생활보호법」과 본질적인 변화가 수반되는 경우에는 폐지하고 제정방식(대체 입법방식)을 취하게 된다.

로는 두 경우 모두 다 국회의 의결을 거쳐야 하며, 이때 재적의원 과반수의 출석과 출석의원 과반수의 찬성으로 법률안이 의결된다.

물음 1-5

법률의 경우 행정부 발의와 국회에서의 발의 모두 반드시 _____ 에서 심의하고 의결되는 과정을 거쳐야 한다.

개정된 법률의 예는 다음 〈표 1-1〉과 같다.

〈표 1-1〉 개정법률의 신구조문 대조표

사회복지사업법 [법률 제16738호, 2019. 12. 3., 일부개정]	사회복지사업법 [법률 제17174호, 2020. 3. 31., 일부개정]
제11조(사회복지사 자격증의 발급 등) ①~⑤ (생략) 〈신설〉 〈신설〉	제11조(사회복지사 자격증의 발급 등) ①~⑤ (현행과 같음) ⑥ 제1항에 따라 사회복지사 자격증을 발급받은 사람은 다른 사람에게 그 자격증을 빌려주어서는 아니 되고, 누구든지 그 자격증을 빌려서는 아니 된다. ⑦ 누구든지 제6항에 따라 금지된 행위를 알선하여서는 아니 된다.
제11조의3(사회복지사의 자격취소 등) ① (생략) ② 제1항에 따라 자격이 취소된 사람은 취소된 날부터 15일 내에 자격증을 보건복지부장관에게 반납하여야 한다.	제11조의3(사회복지사의 자격취소 등) ① (현행과 같음) ② 보건복지부장관은 제1항 제4호에 해당하여 사회복지사의 자격을 취소하거나 정지시키려는 경우에는 제46조에 따른 한국사회복지사협회의 장 등 관계 전문가의 의견을 들을 수 있다.

③ 보건복지부장관은 제1항에 따라 자격이 취소된 사람에게는 그 취소된 날부터 2년 이내에 자격증을 재교부하지 못한다. 〈신설〉

③ 제1항에 따라 자격이 취소된 사람은 취소된 날부터 15일 내에 자격증을 보건복지부장관에게 반납하여야 한다.

④ 보건복지부장관은 제1항에 따라 자격이 취소된 사람에게는 그 취소된 날부터 2년 이내에 자격증을 재교부하지 못한다.

핵심 정리

사회복지정책과 사회복지법, 사회복지실천은 서로 유기적으로 연결되어 있다. 이 속에서 사회복지사의 역할은 반드시 필요하며, 다음과 같은 세 가지로 활동할 수 있다. 첫째, 사회복지법 제정 및 개정 등의 입법과정에서 참여자로 활동해야 한다. 둘째, 법의 안내자 역할을 해야 한다. 셋째, 클라이언트와 함께 법에 맞서 싸울 수 있는 협력자의 역할을 해야 한다.

법령은 조문형식으로 작성해야 한다. 법률안은 정부와 국회의원이 제출할 수 있다. 국회의원안의 경우는 10인 이상의 찬성으로 발의되는데, 이때 위원회도 소관 사항에 관한 법률안을 입안하여 위원장 명의로 제출할 수 있다. 국회에서의 입법과정 중 가장 중요한 것은 상임위원회 심사 단계이다.

물음에 대한 답

1-1. 소득보장을 위한 사회복지제도는 공공부조와 사회보험이다.

1-2. 사회복지사는 클라이언트의 삶 가까이 있는 존재로서 입법과 개정에서 사회적 합의를 이끌기에 충분한 전문 인력이다.

1-3. 국회에서 입법과정 중 가장 중요한 것은 상임위원회 심사 단계이다.

1-4. 국회에서 상임위원회도 소관 사항에 관한 법률안을 위원장 명의로 제출할 수 있다.

1-5. 법률의 경우 행정부 발의와 국회에서의 발의 모두 반드시 국회에서 심의하고 의결되는 과정을 거쳐야 한다.

2장

사회복지법의 기원

지금의 사회복지법은 자본주의 발달에 따른 사회적 위험에 대한 대응으로 나타난 법 영역이라고 할 수 있다. 이러한 사회복지법 발생을 자본주의 도입과 위기에 대응한 영국, 독일, 미국의 예를 통해 알아보도록 하겠다. 즉, 전통적 농경사회에서 자본주의 사회로 전환되는 과정에서의 대응은 영국을 통해, 권리로서 요구하게 된 사회복지법은 독일의 예를 통해, 그리고 마지막으로 사회적 위기를 국가적 노력으로 극복하고자 했던 내용은 미국의 사회보장법을 통해 살펴보도록 하겠다.

1. 영국

1) 엘리자베스 빈민법

고대에서 중세에 이르기까지 사람들은 대부분 혈연이나 지역 공동체 중심으로 상부상조하며 살아가고 있었다. 그래서 중세 말이래 가난한 사람들의 문제는 교회의 자선사업을 통한 자비와 봉건영주의 지원으로 해결하고 있었다. 하지만 중상주의 정책으로 농경사회가 해체되면서 농업 대신 양을 키우는 산업이 발달하는 등 봉건제도의 몰락으로 인해 많은 농노가 도시로 유입되자, 걸인, 부랑자, 빈민이 늘어나게 되었다. 이로 인해 빈민문제가 점점 더 심각한 양상을 띠게 되고, 종교개혁으로 세력이 약화된 교회와 종교단체가 빈민구제사업을 수행할 수 없게 되자 국가의 개입이 필요하게 되었다(김영화 외, 2008). 이러한 빈민구제의 필요성으로 등장한 것이 엘리자베스 빈민법(Poor Law, 1601)이다.

빈민구제를 국가의 의무로 하고 국가 재정(구빈세)으로 빈민을 구호했다는 점에서 엘리자베스 빈민법을 사회복지법의 효시라 할 수 있다.[1] 법이라고는 하지만 이 시기의 법은 법의 대상자가 권리를 요구할 수도 없었고 단지 국가가 지원해 주는 대로 따르는 시혜적인 내용이었다. 따라서 가난한 사람을 구하는 것은 국가의 의무지만, 빈민의 권리는 인정하지 않았고, 가난하게 된 원인을 구조적인 문제로 살펴보지도 않았다.

엘리자베스 빈민법이 중요한 이유 중 하나는 노동력의 유무에 따라 구제방법을 달리했다는 것이다. 즉, 노동능력이 있는 빈민, 노동능력이 없는 빈민, 돌봐 줄 사람이 없어 보호가 필요한 아동으로 나누어 다르게 구제했다. 노동능력의 유무는 지금도 사회복지에서 대상자의 자격을 결정하는 중요한 기준이 되고 있다. 예

---

1) 지금의 법은 시민혁명 이후에 국가와 시민이 계약한 형태이나, 이 당시의 법은 왕이 선포하는 형태로 국민의 권리가 인정되지는 않는다.

를 들면, 「국민기초생활 보장법」에서 노동능력이 있는 경우에 조건부 (생계)수급자 자격을 부여하고 있다. 엘리자베스 빈민법에서는 노동능력이 있는 빈민을 작업장에 수용시켜 일정한 노동을 하도록 하고 이를 거부하면 처벌 혹은 투옥시켰다. 그리고 노동능력이 없는 빈민은 구빈원에 수용하여 보호하였는데 이것은 오늘날의 시설보호에 해당된다.

물음 2-1

엘리자베스 빈민법(1601)은 _____ 유무에 따라 세 가지로 대상으로 구분하여 구제하였다.

　빈곤 아동은 고아 또는 기아에 해당되면 위탁가정에 보내졌고, 8세 이상은 장인에게 봉사를 하는 도제(apprentices)로 삼게 하였다. 남자의 경우 24세가 될 때까지 도제생활을 해야 했으며, 여자는 21세 혹은 결혼 시까지 하녀로 일해야 했다(황선영 외, 2009). 도제제도는 아동을 양육하는 것 이외에도 미래의 직업을 갖기 위해 기술을 익힌다는 의미도 있었기 때문에 현대의 직업훈련의 의미도 가진다고 할 수 있다.

　엘리자베스 빈민법은 그 이전에 존재했던 법들에 비해 덜 억압적이기는 하지만, 여전히 빈민들을 억압하고 통제 및 관리하는 법이라는 한계를 가지고 있다. 즉, 지방의 교구별로 이루어졌던 구빈행정을 중앙정부 차원으로 체계화시켜 발전한 부분도 보이지만, 노동이 가능한 빈민들을 노동에 강제하기 위해 가혹한 형벌을 규정했고, 치안판사가 빈민감독관을 임명하도록 한 점 등을 고려해 볼 때, 형법적 기능을 수행한 것으로 볼 수 있다(윤찬영, 2010).

2) 신빈민법

엘리자베스 빈민법이 만들어지고 시행된 후로 300년 가까이 흐르면서 산업혁명이 발생하고 자본주의가 발전하였다. 신빈민법(개정 빈민법, Poor Law Reform, 1834)이 제정된 19세기 초기에는 자본주의의 발전과 함께 도시 노동자 계급이 등장하였다. 그리고 이들의 열악한 생활조건과 만성적인 실업, 저임금, 열악한 위생과 보건 등은 이전의 농촌 부랑인과는 다른 새로운 사회문제들을 가져왔다. 따라서 기존의 빈민법으로는 이러한 문제에 적절하게 대처하지 못해 기존의 빈민법을 개정하여 대처하게 된 것이다(원석조, 2010). 자유방임주의가 가장 극대화되었고 자조의 개념이 강조되었던 시대상황이 반영된 신빈민법은 개정이라고는 하지만 실질적으로는 개악으로서 역사상 가장 억압적인 성격을 지닌 법이 되었다.

신빈민법은 중요한 세 가지 원칙으로 운영되었는데, 그것은 열등처우의 원칙(principle of less eligibility), 작업장 제도의 원칙(principle of workhouse system),[2] 전국적 통일의 원칙(principle of national uniformity)[3]이다. 이 중 '열등처우의 원칙'은 지금도 중요한 의미를 갖는다. 이 원칙의 의미는 구제대상이 되는(국가가 지원하는) 빈민의 생활수준은 최하층 독립 노동자의 생활수준보다 낮

---

[2] 노동능력이 있는 빈민은 원외구조를 금지하고, 작업장에서 일하게 한다는 원칙이다.
[3] 유형과 지역에 상관없이 구호를 받는 대상자는 모두 동등하게 처우한다는 원칙이다.

아야 한다는 것으로, 이 원칙이 구제의 수준을 결정하였다. '열등
처우의 원칙'은 한국의 「사회보장기본법」에서도 찾아볼 수 있다.
「사회보장기본법」의 제10조에서 사회보장급여 수준에 대한 원칙을
밝히고 있는데, 그중 제3항에서 "국가와 지방자치단체는 제2항에
따른 최저보장수준과 최저임금 등을 고려하여 사회보장급여의
수준을 결정하여야 한다."라고 하고 있다.

그러나 신빈민법의 열등처우는 단순히 노동자보다 낮은 '생활
수준'이나 '급여 수준'만을 의미한 것이 아니라, 구제받는 사람을
거의 범죄자로 취급하여 모든 면에서 열등하게 처우하였다. 즉,
구제받는 사람임을 구분해서 알 수 있도록 배지를 부착하게 하고
모든 종류의 선거권을 박탈하였으며, 작업장 내에서의 열악한 식
사, 식사 중 대화 금지, 면회 금지, 담배와 홍차 금지 등 모든 면에
서 열등하게 처우했다(박광준, 2013).

물음 2-2

신빈민법은 정상적인 노동을 권장하기 위하여 '_____의 원칙'을 적용하였으며,
이 원칙은 현재의 법에도 영향을 주고 있다.

3) 공장법

19세기는 자본주의의 발달과 함께 그 부작용을 해결하기 위한
요구도 등장한 시기였다. 그래서 자유방임주의의 영향을 극대화
하여 반영한 신빈민법과 달리 이 당시 노동자를 보호하기 위한 법
도 만들어졌다. 빈민법에서 아동을 도제로 보낸 것이 자본주의의
발전에 따라 공장에서 아동노동을 악용하게 된 계기를 마련하였

공장법

다. 노동에 대한 보호가 없고 이윤추구가 극대화된 사회이기 때문에 가장 적은 임금으로 일을 시킬 수 있는 아동을 노동자로 활용하는 것은 당연한 일이었다. 그 결과, 심지어 5~7세의 아동들도 10시간 이상의 장시간 노동에 시달리며 저임금을 받는 문제가 심각해졌고, 많은 아동이 공장에서 죽는 사건도 발생하였다. 이런 사회적 상황하에 1833년 공장법(Factory Act)에서는 9세 이하 아동의 노동을 금지하고 13세 이하 아동의 노동을 주 48시간 이내로 제한하게 하였다.

공장법은 현대에서 말하는 사회법(노동법, 경제법, 사회복지법)의 시작으로, 그 당시 노동에 대한 시각을 근본적으로 전환시킨 사회개혁의 발단이 되었다. 이러한 근거는, 첫째, 시민법 체제에서 지켜져 오던 공장주와 노동자와의 자유계약이 노동자의 생활조건을 악화시켰다는 근본적인 인식을 가지고 있었고, 둘째, 열악한 노동조건하에 있는 도제(아동)들을 보호하기 위하여 사적인 계약에 개입한다는 공장주들의 비난을 무릅쓰고 국가의 개입이 이루어졌으며, 셋째, 이 입법 이후로 공장의 노동조건 개선에 대한 입법들이 후속적으로 이루어지고 국가 규제와 간섭의 체제가 점차로 발전해 갔기 때문이다(박광준, 2013).

물음 2-3

_____ 입법 이후 공장의 노동조건에 대한 일련의 입법들이 후속적으로 이루어졌으며 다른 노동 분야의 개선으로 발전해 갔다.

4) 국민보험법과 비버리지 보고서

빈민법과 신빈민법으로 대변되던 영국의 구빈정책은 20세기 초가 되면 자유당 정부가 시행한 사회정책 입법으로 대체되었는데, 그 시작이 1911년 제정한 국민보험법이다. 국민보험법은 제1부인 건강보험과 제2부인 실업보험으로 구성되었다. 자유당 정부가 국민보험 도입에 앞장선 이유는 사회보험이 사회주의에 대한 방파제가 된다고 확신했기 때문이다(원석조, 2010). 이처럼 사회복지제도는 자본주의로 발생한 여러 가지 사회문제의 해결 없이는 사회주의 혁명이 일어날 것이라는 두려움을 해소하기 위한 방법으로 채택되면서 발전하게 되었다.

이후 제2차 세계대전으로 인한 전쟁의 폐해를 재건하고 희망찬 미래를 구상하기 위해 비버리지 보고서가 발간되었다. 보고서는 처칠의 보수당 정부가 용역을 주었으나 급진적이라는 이유로 채택하지 않았고 노동당이 이 보고서를 적극적으로 받아들여 정책에 반영하였다. 그리고 이것이 국민들의 지지를 얻어 전쟁 후 노동당이 집권에 성공하였다. 1942년 완성된 비버리지 보고서는 적극적인 정책을 통해 '요람에서 무덤까지' 보장받을 수 있다고 이야기하였고, 노동당 집권 후 보고서의 내용에 따라 적극적인 정책을 수행함에 따라 이 보고서는 이후 서구 복지국가의 기틀이 되었다.

물음 2-4

제2차 세계대전 이후 서구 복지국가의 기틀이 된 것은 영국의 _____ 보고서이다.

2. 독일

독일은 사회보험을 세계 최초로 입법한 나라로서 이를 계기로 사회복지가 법적 청구권이 되었다는 점이 중요하다. 18세기 독일은 후발 산업국가로 국가가 산업화를 주도하였다. 이 과정에서 기존 지배세력인 융커(귀족), 신흥 성장 세력인 자본가, 사회주의의 영향을 받은 노동자 계급이 대립하게 되었다. 당시 집권자였던 비스마르크(융커 계급)는 사회주의의 물결을 막고 동시에 자본가의 영향력 확산을 억제하고 자신이 속한 융커 계급의 지배를 지속하기 위해 노동자 계급을 이용하였다. 즉, 사회주의의 확대를 막기 위해 사회주의자 진압법으로 노동자 계급을 억압하는 동시에 사회보험 입법을 통하여 노동자 계급이 자본가 계급에 맞설 수 있게 했다.

물음 2-5

세계 최초로 사회보험을 입법한 나라는 _____이다.

이렇게 세계 최초로 사회보험법인 질병보험법(1883년), 산재보험법(1884년), 노령 및 폐질보험법(1889년)이 제정되었다. 독일 사회보험 입법은 자본주의 사회에서 노동자가 당면할 수 있는 사회적 위험에 대해 보험의 원리에 따라 국가가 공식적으로 개입한 최초의 사례로 사회복지의 역사에서 매우 중요하다(감정기 외, 2010). 더 나아가 사회보험법들은 근대적 의미의 사회보장 입법으로서의 형식을 갖추고 있었기 때문에 급여청구권이 단순한 반사적 이익이 아니라 법적 청구권으로 존재하게 되었다(윤찬영, 2010).

후발 산업 주자였던 독일이 산업 선진국이었던 영국에 앞서 세계 최초로 사회보험 입법을 했다는 것은 경제가 성장하면 자연히 사회복지가 발달한다는 산업화 이론에 대한 반증이다. 그리고 사회주의 확산을 막아 노동자 계급의 운동을 약화시키려고 했던 비스마르크의 의도는 오히려 사회보험을 통해 노동자 계급의 사회참여와 권리의식을 향상시킴으로써 사회복지 발전에 기여하게 되었다(윤찬영, 2010). 이를 통해 사회복지에 있어 법은 시행하는 과정에서 원래 의도와 달라질 수 있으므로 법의 제·개정뿐만 아니라 그 시행 과정에도 많은 관심과 주의를 기울여야 함을 알 수 있다. 독일은 사회보험을 도입한 이후 의무적인 사회보험 제도를 중심으로 사회복지 제도가 발전해 왔다.

3. 미국

미국은 신분과 종교의 자유를 찾아 유럽대륙 등에서 이주해 온 사람들이 정착한 나라이기 때문에 자유주의적 가치관이 지배적인 나라였다. 이에 따라 빈곤 역시도 구조적 문제가 아니라 개인의 책임으로 인식해 왔기에 주로 민간인 각 지방정부의 자선단체가 이를 담당해 왔다. 그러나 1929년 10월 주식시장 붕괴에 이어 발생한 대공황으로 심각한 경제위기가 계속됨에 따라 미국인의 생각이 전환되었다. 즉, 세 명 중 한 명이 실직한 대공황 상황에서 개인의 책임만이 아닌 사회구조적인 문제로 빈곤이 발생할 수 있다는 위기의식이 확산된 것이다. 그래서 루스벨트 대통령은 개인주의 철학보다 국가 공공복지에 관심을 둔 뉴딜 철학으로 정책 기

반을 바꾸었다. 즉, 정부가 불황으로 고통받는 사람들에게 인간
적으로 자비를 가지고 행동해야 한다고 보았다. 이로 인해 미국
인들이 개인이 아니라 전 지역사회가 복지에 대해 책임을 갖는다
는 원칙을 받아들이게 되었다(박광덕, 1998).

　뉴딜의 일환으로 1935년 8월 14일 사회보장법(Social Security
Act)을 제정 · 공포하였는데 주요 내용은 다음과 같다. 첫째, 연방
노령보험체계와 연방과 주가 함께하는 실업보험으로서의 사회보
험 프로그램, 둘째, 노인, 시각장애인, 아동 등 세 집단을 위한 프
로그램으로 연방의 지원을 받는 공공부조 프로그램, 셋째, 모자보
건 서비스, 신체장애(다리)아동 지원 서비스, 아동복지 서비스, 직
업재활 및 공중보건 서비스 등의 보건 및 복지 서비스 프로그램이
다. 이는 미국 최초의 연방정부 차원의 적극적인 복지 프로그램
으로서, 미국 사회보장제도의 근간이 되었고 시민들이 국가의 사
회경제적 간섭을 받아들였다는 점에서 역사적 분수령이 되었다(원
석조, 2010). 그러나 사회보장법에서 사회보험으로서 의료보험[4]
은 의사들의 완강한 저항으로 도입되지 않았으며, 사회보장급여
의 최저 수준이 정해지지 않았다는 한계가 있다.

물음 2-6

미국의 _____ 법은 사회보장 용어를 최초로 공식화하였지만 사회보험 중 _____
제도는 도입하지 않았다.

----

4) 미국의 의료보험은 오바마 케어로 불리는 법으로 2010년 입법되었으나
　위헌소송에 휘말렸고 2012년 의무가입이 합헌으로 결정되면서 시행되어
　의료보험 미가입자의 의무가입이 시작되었다.

토목산업만이 아니라 최저임금 보호 및 노동조건 개선 등도 중요한 뉴딜정책의 일환이었다. 전국산업부흥법(National Industrial Recovery Act)은 생산, 가격 및 산업에서 노동자의 권리를 연방정부의 통제하에 두고자 하는 내용으로 이를 통해 노동조합의 결성이 증가하여 1935년에는 노동조합의 회원이 370만 명이 되었다. 이 법은 향후 1935년 전국노동관계법(National Labor Relations Act: 와그너법)으로 대체되었는데 이 노동관계법에 의해 노동기본권이 완전히 보장되고 최저임금제, 최고 노동시간 제한, 아동노동의 금지 등의 조치가 이루어져서 노동자 지위가 향상되고 노동조건이 개선되었다(박광준, 2013). 이처럼 대규모 토목산업만이 아니라 사회보장법으로 기본적인 사회보장 지원, 노동관련 법으로 생활 유지가 가능한 수준의 임금 도입, 노동조합 결성으로 노동환경 개선 등 사회안전망을 충실히 갖추도록 한 정책들이 함께 이루어지면서 미국은 대공황의 위기를 벗어날 수 있었다.

핵심 정리

영국의 엘리자베스 빈민법은 사회복지법의 시초로 빈민을 노동능력에 따라 3분류로 나누어 처우하였다. 이후 신빈민법은 가장 가혹한 형태의 구빈제도였으며, 열등처우의 법칙은 현재에도 활용되고 있다. 독일의 사회보험법은 국가가 보험의 원리에 따라 사회적 위험들에 공식적으로 개입한 최초의 사례이며, 급여청구권이 법적청구권으로 존재하게 되었다는 의의를 갖는다. 미국의 사회보장법은 미국 사회복지제도의 근간이 되었다.

물음에 대한 답

2-1. 엘리자베스 빈민법(1601)은 노동능력 유무에 따라 세 가지로 대상으로 구분하여 구제하였다.

2-2. 신빈민법은 정상적인 노동을 권장하기 위하여 '열등처우의 원칙'을 적용하였으며, 이 원칙은 현재의 법에도 영향을 주고 있다.

2-3. 공장법 입법 이후 공장의 노동조건에 대한 일련의 입법들이 후속적으로 이루어졌으며 다른 노동 분야의 개선으로 발전해 갔다.

2-4. 제2차 세계대전 이후 서구 복지국가의 기틀이 된 것은 영국의 비버리지 보고서이다.

2-5. 세계 최초로 사회보험을 입법한 나라는 독일이다.

2-6. 미국의 사회보장법은 사회보장 용어를 최초로 공식화하였지만 사회보험 중 의료보험제도는 도입하지 않았다.

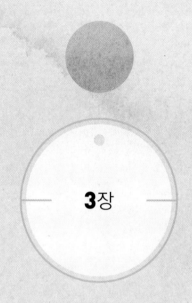

3장

시민법과
사회복지법(사회법)의 원리

1. 시민법의 지도원리

2. 사회복지법(사회법)의 원리

시민혁명 이후 기존에 출생으로 인해 결정되던 신분제에서 벗어나 본인의 신분을 강화하기 위해 시민들이 직접 국가와 계약한 내용이 법이다. 이를 시민법이라고 하는데, 시민 개개인의 자유와 권리를 보장하며 국가의 규제를 최소화하였다. 그러나 자본주의의 성장과 더불어 많은 사회문제가 나타나고, 이를 해결하기 위해 필연적으로 국가가 개입하게 되었으며, 국가의 역할이 커지는 등 시민법과는 다른 사회복지법(사회법)의 형태가 나타나게 되었다. 시민법과 사회복지법의 원리는 개별 법에 따라 확실하게 구분되는 것이 아니며 현재 법들은 시민법과 사회복지법(사회법)의 원리가 혼재되어 나타나고 있다.

1. 시민법의 지도원리

시민계급(부르주아)은 봉건사회 이후에 절대왕정이 지배했던 중상주의 체제의 구질서를 무너뜨리고 자본주의 사회를 확립하였다. 시민법은 상품교환 과정에서 시민 개개인의 권리와 의무를 보장하는 법체계이다. 그래서 시민 당사자 간의 의사표시에 의한 합의의 원칙을 기반으로 권리와 의무를 보장하며, 국가는 권리와 의무의 당사자가 아닌 제3자로서 개인들 사이의 관계만 규율한다(윤찬영, 2010: 50-51). 그러나 이때의 시민은 부르주아 계급의 성인 남성을 말하는 것으로 결국 일부의 사람들만 법의 보호를 받았다.

1) 계약의 자유

시민법의 가장 기본적인 원칙은 계약의 자유로, 인간이라면 누구나 자유롭게 계약을 맺을 수 있다는 것이다. 이것은 가장 기본적인 법률행위이며, 현대 사회 인간의 행위는 계약을 기초로 한다. 즉, 법적으로 평등한 시민들의 자유로운 의사표시에 의한 구체적 합의로 법적인 권리 및 의무관계가 형성된다는 전제에 따른다. 따라서 자유로운 계약에 의해 합의된 내용을 이행하지 않을 때, 그것은 불법행위가 되어 계약한 사람이 상대방에게 손해배상을 청구할 수 있다(윤찬영, 2010: 54-56).

비인간적 노동현장

그러나 계약의 자유는 다음과 같은 문제가 있다. 일대일로 자유롭고 평등한 개인들이 계약을 한다고 가정하지만 현실에서 인간은 평등한 권력을 지니고 있지 않고, 평등하지 않은 권력관계가 계약에 영향을 주기 때문이다. 예를 들어, 자본가와 노동자가 일대일로 계약을 할 때 자본가의 권력이 노동자보다 크기 때문에 이 상태에서는 당연히 권력이 큰 자본가에게 유리하게 계약이 체결될 것이라는 예상을 누구나 할 것이다. 또한 노동자의 노동력에는 노동시간, 노동환경 등이 영향을 주지만 이에 대한 부분은 계약 내용에 빠져 있다.

물음 3-1

_____의 자유 원칙은 누구나 자유롭게 계약을 맺을 수 있다는 것을 말한다.

2) 소유권 절대 불가침

소유권은 물건을 지배할 수 있는 권리를 말하며, 소유권 절대 불가침의 원칙이란 내가 소유한 물건은 타인이 관여하거나 침해할 수 없다는 원칙이다. 이 원칙은 계약의 자유 원칙을 기반으로 한다. 즉, 자유로운 의사로 자유롭게 계약을 하였기에 그로 인해 얻게 되는 나의 소유물은 타인이 절대 침해할 수 없다는 의미이다(김수정, 2019).

앞서 살펴보았듯이 권력이 영향을 미쳐 계약이 평등하게 이루어질 수 없는 문제가 있는 계약자유의 원칙을 기반으로 하기 때문에, 소유권 절대 불가침의 원칙도 문제를 만나게 된다. 예를 들면, 도박장에서 자신의 아내와 딸을 담보로 돈을 빌리는 계약을 했고 아내와 딸은 결국 다른 사람의 소유가 되었다고 하자. 이것은 소유권 절대 불가침의 원리에 따라 자유로운 계약에 의한 이익으로 정당한 것이다. 하지만 어느 누가 이렇게 부당한 계약으로 얻은 소유권(이익)이 정당하다고 생각하겠는가?

3) 과실에 대한 자기책임

이것은 법률관계가 개인의 자유로운 의사(意思)를 바탕으로 이루어지기 때문에 이로 인한 책임도 자신의 의사에 의한 것이어야 한다는 뜻이다. 이에 따르면 각자가 자기의 행동에 충분히 주의를 기울이기만 하면 책임을 질 필요가 없다는 것으로, 자신의 고의가 있거나 과실[1]이 있는 경우에만 책임을 진다는 뜻이다. 얼핏 생각하면 굉장히 합리적인 것 같지만 이 역시도 '과실'과 관련된 문제가 있다.

왜냐하면 이는 과실인 경우에만 책임을 지고 과실로 입증되지 않으면 책임이 없다는 뜻으로, 과실이 아니면 타인에게 해를 입혀도 이에 대한 책임이 없는 것이다. 예를 들면, 공장에서 노동자가 일을 하다 재해가 발생해도 공장주인 자본가의 과실이라는 것이 입증되지 못하면 자본가에게는 그 책임이 없는 것이다. 빈곤을 예로 들어 보자. 절약하고 돈을 모으면 가난해지지 않는데, 주의를 기울이지 못했기 때문에 가난해졌고 이를 당사자의 과실이라고 본다면 빈곤은 절대적으로 빈민의 자기책임이다. 한편으로는 사회의 과실로 빈곤하게 되었다는 것을 증명할 수 없기 때문에 국가는 빈곤문제에 대해 책임질 필요가 없게 된다. 또한 홍수나 가뭄 등의 천재지변, 코로나 바이러스 등의 사회재난으로 손해를 입었더라도 특정한 대상의 과실을 증명할 수 없기 때문에 이러한 손

---

1) 법률적으로 어떤 사실(결과)의 발생을 예견할 수 있었음에도 부주의로 그것을 인식하지 못한 심리상태를 의미한다(출처: 네이버 백과사전).

해나 어려움을 책임져 줄 수 있는 대상은 없는 것이다. 즉, 국가가
이에 대한 개입을 할 이유가 없다.

2. 사회복지법(사회법)의 원리

자본주의 발전에 따른 변화로 경제적·사회적 불평등이 야기되
면서 이에 대한 대안들이 모색되기 시작하였다. 이 중 하나로 기
존의 자유민주주의 및 자본주의의 경제적·법적 토대를 유지하
는 것을 전제로, 시민법 원리에 대한 수정을 통해 문제점을 해결
해 나가는 '점진적 사회개혁'의 사회법 원리가 도입되었다(김훈,
2009: 80-81).

1) 계약의 공정성

기존 시민법 계약의 자유는 계약의 공정성이라는 원칙으로 수
정되었다. 이것은 권력이 다른 대상들이 계약을 할 때 어느 정도
대등한 상태에서 계약할 수 있도록 국가가 개입하는 것이다. 예
를 들면, 열세에 있는 노동자는 개인이 아니라 집단적 주체(예: 노
동조합)로 계약할 수 있도록 합법성을 부여해서 자본가와 어느 정
도 대등하게 계약을 맺을 수 있도록 하였다. 그리고 계약 내용에
서도 노동시간 및 노동조건에 대해 일정한 제한범위를 설정하도
록 하였다.

▶ 노동조합

이러한 계약의 공정성 원칙은 노동법 중심으로 발전하게 되었

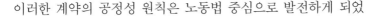

고, 국가가 개입하여 계약을 맺는 형태의 법들도 만들어졌다. 예를 들면, 국가와 개인 사이의 강제계약을 통해 이루어지는 사회보험법들과 실질적으로 대등하게 계약에 참여할 수 없는 약자를 위한 「소비자보호법」 및 「주택임대차보호법」 등이 만들어졌다.

물음 3-2

노동자와 자본가의 대등한 계약을 위해 노동자는 개인이 아니라 집단적 주체인 _____ 과도 계약할 수 있도록 합법성을 부여했다.

2) 소유권의 사회성

소유권 절대 불가침의 원칙은 소유권의 사회성 원칙으로 수정되었다. 이것은 개인의 무제한적 소유에 대해서 국가가 통제할 수 있게 된 것을 의미한다. 즉, 소유권의 행사가 절대적 자유가 아니라 사회적 · 국가적 견지에서 필요한 제한과 구속을 받아야 한다는 것이다. 오해하지 말아야 할 것은 재화의 보유 자체를 금지하는 것이 아니라는 점이다. 다만, 조세법상 조세를 통한 통제, 이자의 상한성을 규제, 각종 경제활동 규제를 통해 무제한적 소유권에 제한을 가하는 것이다(남기민, 홍성로, 2007: 35).

물음 3-3

소유권의 사회성 원칙을 통해 국가는 무제한적 _____ 에 일정한 제한을 가하기 시작하였다.

대부분의 현대 국가는 소유권의 사회성이라는 원칙을 법을 통해 규정하고 있고, 그 시초인 1919년의 독일 「바이마르 헌법」 제153조

제3항에서 "소유권은 의무를 수반한다(Eigentum verpflichtet)."라고
규정하고 있다. 대한민국도 「헌법」 제23조에서 "모든 국민의 재산
권은 보장된다. 그 내용과 한계는 법률로 정한다(제1항)." 및 "재
산권의 행사는 공공복리에 적합하도록 하여야 한다(제2항)."라고
규정하고 있다. 또한 「민법」 제2조에서 '신의성실의 원칙'과 '권
리남용금지'를 규정하고 나아가 제211조에서는 소유권의 내용을
"법률의 범위 내에서 사용·수익·처분할 수 있다."라고 규정하
고 있다.

　소유권의 사회성 원칙은 경제관련 법을 중심으로 발전되어 갔
는데, 소득에 따라 기여금과 급여의 비율을 달리하는 방식으로 소
득의 재분배를 하고 있는 사회보험법도 이러한 원칙으로 발전된
법 영역이라고 할 수 있다.

3) 집합적 책임

　과실에 대한 자기책임 원칙은 집합적 책임의 원칙으로 수정되
었고, 산업재해를 예를 들어 설명해 보면 다음과 같다. 자본과 노
동력의 소유가 분리되는 자본주의 체제하에서 노동력을 지배하
는 노사관계의 구조 자체가 재해의 위험을 필연적으로 내포하고
있다고 보고, 그에 대한 보상책임을 노사관계에 관련시켜 자본 측
에 책임을 묻게 되었다. 그래서 산업재해는 하나의 사회문제로
인정되며, 총 자본이 위험공동체를 조직하여 집합적인 책임을 지
는 산업재해보험제도가 도입되었다(윤찬영, 2010: 69-70). 자본
이 위험공동체를 조직하여 집합적인 책임을 지기 때문에 한국의

「산업재해보상보험법」에서 보험가입자는 다른 보험과 달리 급여를 받는 대상, 즉 노동자(근로자)가 아니라 근로자를 사용하는 모든 사업 또는 사업장이 된다.

물음 3-4

산업재해보상보험제도는 자본가들의 총 자본이 위험공동체를 조직해 _____ 책임을 지도록 하였다.

사회재난

또한 빈곤, 질병과 같이 사회구조적인 원인으로 발생하는 사회 문제는 사회 전체가 공동으로 책임을 져야 한다고 인식되었다. 그리고 자연재해와 같이 특정 대상에게 과실책임을 물을 수 없는 경우도 역시 사회가 집합적으로 책임지는 것이 올바른 것이라고 여겨지게 되었다. 이러한 집합적 책임의 원칙은 공공부조법, 사회보험법, 사회서비스법 및 재해구호관련법을 중심으로 발달되었다. 그리고 집합적 책임의 원칙은 사회연대의 가치를 반영하는 원칙으로 사회복지법의 원리 중 가장 중요한 원칙으로 자리 잡고 있다.

물음 3-5

집합적 책임은 개인의 인간적 욕구를 충족할 수 없는 상황을 발생시키는 사회 문제는 특정 대상에게 과실책임을 물을 수 없고 _____의 책임이라는 원리이다.

이상에서 살펴본 시민법과 이를 수정한 사회복지법(사회법)의 원리를 정리하면 [그림 3-1]과 같다.

시민법의 원리		사회복지법(사회법)의 원리
• 계약의 자유 • 소유권 절대 불가침 • 과실에 대한 자기책임		• 계약의 공정성 • 소유권의 사회성 • 집합적 책임

[그림 3-1] 시민법과 사회복지법(사회법)의 원리

출처: 김수정(2019: 55).

핵심 정리

시민사회와 함께 등장한 시민법은 시민 개개인의 권리와 의무를 보장하는 법체계였다. 그러나 계약의 자유, 소유권 절대 불가침, 과실에 대한 자기책임의 원칙은 자본주의 발달과 함께 한계를 드러내게 되었고 이를 극복하여 등장한 법원리가 사회법(사회복지법)의 원리이다. 그리하여 계약의 자유는 계약의 공정성으로, 소유권 절대 불가침은 소유권의 사회성으로, 과실에 대한 자기책임은 집합적 책임의 원칙으로 수정되었다. 이 중 집합적 책임이 사회복지법의 가장 기본이 되는 원리이다.

물음에 대한 답

3-1. 계약의 자유 원칙은 누구나 자유롭게 계약을 맺을 수 있다는 것을 말한다.

3-2. 노동자와 자본가의 대등한 계약을 위해 노동자는 개인이 아니라 집단적 주체인 노동조합과도 계약할 수 있도록 합법성을 부여했다.

3-3. 소유권의 사회성 원칙을 통해 국가는 무제한적 소유에 일정한 제한을 가하기 시작하였다.

3-4. 산업재해보상보험제도는 자본가들의 총 자본이 위험공동체를 조직해 집합적 책임을 지도록 하였다.

3-5. 집합적 책임은 개인의 인간적 욕구를 충족할 수 없는 상황을 발생시키는 사회문제는 특정 대상에게 과실책임을 물을 수 없고 공동체의 책임이라는 원리이다.

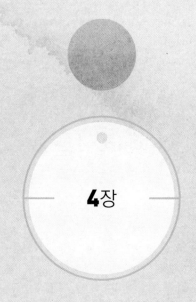

4장

사회복지법의 수직적 체계

이 장에서는 사회복지법을 무엇으로 볼 것인가에 대하여 알아보고, 수직적 체계에 따른 법의 위치와 특징을 알아보도록 하겠다.

1. 사회복지법의 개념

법이라고 하면 일반적으로 대다수의 사람은 국회에서 제정되는 법률만을 생각할 것이다. 그러나 법을 국가와 국민 사이의 권리와 의무를 명시한 계약이라고 본다면 법의 범위는 더 넓어진다. 이미 우리는 「헌법」을 가장 상위법으로 하여 법률, 명령, 조례 및 규칙이 수직적 체계를 이루고 있으며, 하위법은 상위법의 내용을 위반할 수 없다는 내용을 학교에서 배워서 알고 있다. 이렇듯 법은 단순히 법률 형태의 법뿐만 아니라 '헌법, 법률, 명령, 조례 및 규칙'의 형식을 지닌 법규범을 모두 포함하는 것으로 보아야 한다. 그러므로 우리가 사회복지 현장에서 법을 적용할 때는 법률뿐만 아니라 관련된 법규범들을 모두 살펴봐야 한다. 그러나 지

면의 한계로 인해 이 책에서는 법률과 명령에 제시된 내용을 중심
으로 다루고자 한다.

그렇다면 사회복지법은 과연 무엇일까? 여러 분야의 법 중 어디
까지를 사회복지법의 범위로 보아야 하는가? 이것은 사회복지를
광의의 의미로 해석할 것인가 또는 협의의 의미로 해석할 것인가
의 문제와 연결된다. 사회복지를 넓은 의미로 보면 현대 사회에
서 인간다운 생활을 유지하기 위해 필요한 물질적 · 비물질적 사
회서비스를 제공하려는 국가와 민간의 노력을 규율하는 법규범
이라고 볼 수 있다. 이렇게 본다면, 소득, 의료, 교육, 주택 및 심
리사회적 문제를 해결하기 위한 사회보장, 보건의료, 교육, 주택,
사회서비스 등이 포함된다. 반면에 협의의 의미로만 본다면, 스
스로 생활을 영위하지 못하는 사람들에게 제한적으로 도움을 제
공하려는 노력들과 관련된 법규범으로 제한하게 되고, 결국 사회
적 약자 또는 보호를 필요로 하는 사람을 위한 한정적인 지원만이
이에 포함된다(현외성, 2009).

우리나라는 「헌법」 제34조에서 "모든 국민은 인간다운 생활을
할 권리를 가진다."라고 규정하고 있듯이 이미 광의의 사회복지
개념을 채택하고 있다. 그러므로 이 책에서도 광의의 개념으로
사회복지법을 규정짓고자 한다. 따라서 사회복지법이란 국민의
인간다운 생활을 보장하기 위한 사회보장, 즉 공공부조, 사회보
험, 사회서비스를 그 내용으로 담고 있는 '헌법, 법률, 명령, 조례
및 규칙' 등을 말한다.

2. 수직적 체계

사회복지법이 수직적 체계에 따라 적용되고 있는 원리와 내용을 헌법, 법률, 명령, 조례, 국제법의 순서로 알아보겠다.

1) 헌법

시민혁명으로 왕을 몰아낸 근대국가는 그 권한을 국민에게 돌려준 뒤 선거를 통해 위임받아 국가기관을 구성했다. 이러한 통치기관과 주권자인 국민 사이의 관계를 정리해 놓은 것이 헌법이다. 근대국가는 왕 대신 헌법을 택했고 그래서 이를 전제국가에서 입헌국가로 바뀌었다고 말한다(차병직 외, 2016).

헌법은 일반 법률과 입법절차가 다르다.[1] 국회 재적의원 과반수 또는 대통령의 발의로 제안되며, 대통령의 임기 연장 또는 중임변경을 위한 헌법개정은 그 헌법개정 제안 당시의 대통령에 대하여는 효력이 없다(「헌법」 제128조). 국회는 헌법개정안이 공고된 날로부터 60일 이내에 의결하여야 하며, 국회의 의결은 재적의원 3분의 2 이상의 찬성을 얻어야 한다. 헌법개정안은 국회가 의결한 후 30일 이내에 국민투표에 붙여 국회의원 선거권자 과반수의 투표와 투표자 과반수의 찬성을 얻어야 하고, 헌법개정안이 이러한 찬성을 얻을 때 헌법개정이 확정되며, 대통령은 즉시 이를 공포하여야 한다(「헌법」 제130조).

---

[1] 일반 법률의 입법과정은 1장을 참고하기 바란다.

　　사회복지법의 체계에서 가장 상위에 있는 「헌법」은 모든 사회복
지법을 구속하고 있으며, 가장 근본적인 내용을 규정하고 있다.
우리나라는 1948년 「제헌 헌법」으로 시작되었고, 현행 「헌법」은
제9차 「개정 헌법」이다. 제9차 개정은 6·10 민주화 운동으로 이

❏ 헌법 전문 낭독

대한민국헌법

[시행 1988. 2. 25.] [헌법 제10호, 1987. 10. 29., 전부개정]

전문

　　유구한 역사와 전통에 빛나는 우리 대한국민은 3·1운동으로 건
립된 대한민국 임시정부의 법통[2]과 불의에 항거한 4·19민주이념
을 계승하고, 조국의 민주개혁과 평화적 통일의 사명에 입각하여 정
의·인도와 동포애로써 민족의 단결을 공고히 하고, 모든 사회적 폐
습과 불의를 타파하며, 자율과 조화를 바탕으로 자유민주적 기본질
서를 더욱 확고히 하여 정치·경제·사회·문화의 모든 영역에 있
어서 각인의 기회를 균등히 하고, 능력을 최고도로 발휘하게 하며,
자유와 권리에 따르는 책임과 의무를 완수하게 하여, 안으로는 국민
생활의 균등한 향상을 기하고 밖으로는 항구적인 세계평화와 인류
공영에 이바지함으로써 우리들과 우리들의 자손의 안전과 자유와
행복을 영원히 확보할 것을 다짐하면서 1948년 7월 12일에 제정되
고 8차에 걸쳐 개정된 헌법을 이제 국회의 의결을 거쳐 국민투표에
의하여 개정한다.

[그림 4-1] 대한민국헌법 전문

---

2) 비록 주권정부가 아니었지만 이미 1919년에 임시정부가 만든 헌법이 있
　고 그 당시 여성선거권이 없는 나라가 대부분이었던 것에 비추어 보면
　남녀 보통선거권을 보장하는 내용을 담고 있다.

루어졌으며 국민의 민주화 요구에 따라 역사상 최초로 여야 합의
에 의해 1987년 10월 27일 국민투표를 거쳐 29일 공포되었다. [그
림 4-1]은 대한민국헌법 전문이다.

　그동안 대부분의 헌법 개정은 통치권력을 유지하기 위한 것이
었고 여당의 일방적인 개헌이었기에 최초 여야 합의에 의해 개정
된 제9차 헌법은 그 의미가 크다. 헌법이 잘못 개정된 대표적인
예는 1972년 12월 27일에 개헌된 제7차 개헌헌법(소위 유신헌법)
으로, 국회의원의 3분의 1을 대통령 추천으로 통일주체국민회의
에서 선출하였고, 대통령이 국회해산권과 법관임면권을 가지는
등 삼권 분립이 지켜지지 않았다. 또한 이 헌법에 따른 긴급조치
등도 문제가 많았다. 예를 들면, 1974년 대통령긴급조치 제4호에
는 '학생의 정당한 이유 없는 출석·수업 또는 시험거부 등의 행
위에 대해 사형, 무기 또는 5년 이하의 유기징역'에 처할 수 있도
록 하고 있었다.

　대한민국「헌법」에서는 기본권에 관하여 다음과 같이 명시하고
있다. 「헌법」 제10조에서 "모든 국민은 인간으로서의 존엄과 가
치를 가지며, 행복을 추구할 권리를 가진다. 국가는 개인이 가지
는 불가침의 기본적 인권을 확인하고 이를 보장할 의무를 진다."
라고 하고 있다. 그리고 제34조에서는 사회권적 기본권을 다음과
같이 제시하고 있다. 제1항 "모든 국민은 인간다운 생활을 할 권
리를 가진다."라고 하여 인간다운 생활을 할 권리는 사회보장 또
는 사회복지를 청구할 수 있는 국민의 권리라는 것을 밝히고 있으
며, 제2항은 사회보장 또는 사회복지 증진에 관한 국가의 의무에
대해 말하고 있다. 그리고 제3항, 제4항, 제5항에서는 사회적 기

본권의 대표적인 주체인 '사회적 약자'들을 여성, 노인, 청소년, 장애인, 기타 생활능력이 없는 자 등으로 예를 들어 밝히고 있다(이준일, 2004: 475-476).

헌법에서 사회복지법의 가장 상위 조항은 바로 제34조 제1항인 "모든 국민은 인간다운 생활을 할 권리를 가진다."이다. 다시 말해 사회복지법들은 모든 국민이 '인간다운 생활을 할 권리'를 제도적으로 실현할 수 있도록 구체화시켜 주는 역할을 하고 있는 것이다.

물음 4-1

우리나라 헌법에서 사회복지의 가장 상위의 조항은 제34조 제1항 _____ 생활을 할 권리이다.

한편, 「헌법」에서 경제와 관련된 조항도 중요한데, 사회복지는 자본주의의 폐해를 막기 위해 나타났기 때문이다. 제119조에서는 "대한민국의 경제질서는 개인과 기업의 경제상의 자유와 창의를 존중함을 기본으로 한다(제1항)."라고 하여 자유시장경제를 기본으로 한다고 밝혔지만, "국가는 균형 있는 국민경제의 성장 및 안정과 적정한 소득의 분배를 유지하고, 시장의 지배와 경제력의 남용을 방지하며, 경제주체 간의 조화를 통한 경제의 민주화를 위하여 경제에 관한 규제와 조정을 할 수 있다(제2항)."라고 함으로써 국가 개입을 통한 경제의 민주화를 이루는 사회적 시장경제를 도입할 수 있음을 밝히고 있다. 이렇게 제119조에서는 자유시장경제와 사회적 시장경제의 조화를 우리 경제체제의 원칙으로 규정함으로써 복지국가의 경제원칙을 규정했다(윤찬영, 2010).

물음 4-2

우리나라 헌법에서 복지국가의 경제원칙을 규정한 부분은 제_____조이다.

2) 사회보장기본법 및 사회복지법률

「헌법」 다음으로는 법률이 중요한 위치를 차지하며, 앞서 살펴
본 것처럼 국회가 제·개정하는 권한이 있다. 법률의 이름을 부여하
는 방법에는 '○○법(장애인복지법, 고용보험법)'이라고 하는 방식과
'○○에 관한 법률(고용보험 및 산업재해보상보험의 보험료징수 등에
관한 법률)'이라고 하는 방식이 있어 법과 법률이 다른 것처럼 보
이지만 효력 면에 있어서는 아무런 차이가 없다(조영규, 2008: 99).

우리나라 사회복지 법률 단계의 여러 법 중에서도 가장 상위에
있는 것은 「사회보장기본법」이다. 이것은 사회복지분야의 기본법
으로 헌법의 이념을 구체화하고 다른 사회복지법률을 구속하고 지
도하는 역할을 수행하며, 사회보험, 공공부조, 사회서비스를 총괄
한다(윤찬영, 2010: 153). 그래서 제4조에서 "사회보장에 관한 다른
법률을 제정하거나 개정하는 경우에는 이 법에 부합되도록 하여
야 한다."라고 하여 사회복지의 기본법임을 명확히 밝히고 있다.

사회복지학에서는 일반적으로 사회보장이라 함은 공공부조와
사회보험을 통칭하는 의미여서 「사회보장기본법」이 왜 사회복지
분야의 기본법인지에 대해서 의문이 생길 수도 있다. 그러나 제3조
에서 "사회보장은 사회보험, 공공부조, 사회서비스를 말한다."라
고 밝혔듯이, 이 법에서 말하는 사회보장의 개념은 일반적으로 사
용하는 사회복지의 개념이라고 하겠다. 그러므로 「사회보장기본

법」에서 사용되는 '사회보장'이라는 용어는 사회복지 과목에서 일
반적으로 사용되는 '사회복지'의 개념으로 보아야 한다.

한편, 「사회보장기본법」 제2조에서는 "다양한 사회적 위험으로
부터 벗어나 인간다운 생활을 향유할 수 있도록 자립을 지원하며,
사회참여 · 자아실현에 필요한 제도와 여건을 조성하여 사회통합
과 행복한 복지사회를 실현하는 것을 기본 이념으로 한다."라고
규정하고 있다. 이를 통해서도 「사회보장기본법」이 「헌법」 제34조
제1항에서 규정한 국민의 '인간다운 생활을 할 권리'를 실현하기
위한 법임을 확인할 수 있다.

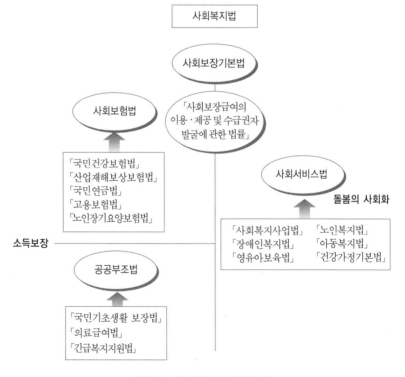

[그림 4-2] 개별 법률의 분류

개별 법률은 「사회보장기본법」에서 제시한 것처럼 사회보험, 공
공부조, 사회서비스로 그 유형을 나눌 수 있다. 이 중 사회보험과
공공부조 분야의 법은 국민의 소득을 보장하기 위한 목적을 지녔
고, 사회서비스 분야의 법은 돌봄(care)을 사회적으로 대신해 주
기 위한 목적을 지녔다. 사회보험법과 공공부조법 및 사회서비스
법의 예를 살펴보면 [그림 4-2]와 같다.

3) 시행령 및 시행규칙

우리나라 법률이 실효성(현실적으로 적용됨)을 가지기 위해서는
하위 규범인 시행령과 시행규칙이 제정되어야 한다(윤찬영, 2010:
156). 예를 들면, 「고용보험법」의 경우 적용범위를 정한 제8조에
서 "이 법은 근로자를 사용하는 모든 사업 또는 사업장에 적용한
다. 다만, 산업별 특성 및 규모 등을 고려하여 대통령령으로 정하
는 사업에 대하여는 적용하지 아니한다."라고 하여 대통령령으로
적용제외 사업에 대한 기준을 제시하고 있다.

오늘날 행정사무에서도 능률적인 배분이 요청되면서 법률은 대
강만을 정하고 세부적 규정은 명령에 위임하는 일이 많아지고 있
다. 이렇게 법률에서 위임한 사항을 규정하는 명령을 위임명령이
라고 한다(앞서 제시한 「고용보험법 시행령」의 경우임). 한편, 법률에
서 위임하지 않아도 상위의 법령을 집행하기 위하여 필요한 사항
을 규정하기 위해서 또는 명령권자의 직무를 수행하기 위해서 필
요로 하는 사항을 규정하는 경우가 있는데, 이것은 집행명령이라
고 한다(조영규, 2008: 100-101). 명령은 국회의 의결을 거치지 않

고 대통령 이하 행정부에서 제정하도록 되어 있고, 명령은 다시 시행령과 시행규칙으로 나뉜다. 대통령 명령(대통령령)은 시행령으로, 국무총리나 행정 각부의장(장관)의 명령은 시행규칙으로 불린다.

물음 4-3

대통령(명)령은 _____, 총리 및 각부 장관(명)령은 _____ 이라고 한다.

그동안 법률만 중요하게 여기는 경향이 많았지만 향후에는 명령인 시행령과 시행규칙에 대해서도 많은 관심과 주의가 필요하다. 왜냐하면 「고용보험법」의 적용제외 사업을 대통령령에서 정하도록 한 예에서도 알 수 있듯이, 많은 법률이 중요한 결정사항및 기준을 시행령과 시행규칙에 위임하고 있어, 실제 적용에서 중요한 기준은 명령에서 결정되는 경우가 많기 때문이다. 더불어국회에서 심의와 의결을 거쳐 제·개정되는 법률과 달리 명령은견제할 수 있는 절차 없이 행정부 내에서 자의적으로 결정될 수있는 위험도 존재한다.

이 외에 행정부 내에서만 효력을 가지고 법규의 성격을 갖지 못하는 행정부 내의 각종 내규, 지침, 고시 등에 대해서도 관심을 기울여야 한다. 왜냐하면 이러한 것들은 법률과 명령에서 빠져 있는 부분을 보충하기 때문에 실제로 직접적으로 국민에게 영향을줄 수 있기 때문이다(윤찬영, 2010: 156-157). 예를 들면, 「국민기초생활 보장법」에서 근로능력을 평가하는 기준은 대상자 선정과급여 판단에 중요한데, 근로능력 평가는 보건복지부의 「근로능력평가의 기준 등에 관한 고시」에 따르고 있다. 만약 국민기초생활

수급자를 줄이고자 한다면, 기준을 엄격하게 적용하는 내용으로 보건복지부가 고시를 변경할 수 있다는 위험이 있다.

4) 조례 및 규칙

조례와 규칙은 자치법규로 지방자치단체[3]의 의회에서 만드는 자치법규가 조례이고, 규칙은 지방자치단체장의 명령이다. 지방자치의 활성화에 따라 최근 그 중요성이 커진 것이 조례이다. 특히 조례는 적용범위에 대해 잘 이해해야 한다.

일단 공간적으로 해당 지방자치단체의 관할 지역에 적용되는데, 그 내용과 관련해서는 다음과 같은 부분을 살펴보아야 한다. 「지방자치법」 제22조에서 "지방자치단체는 법령의 범위 안에서 그 사무에 관하여 조례를 제정할 수 있다. 다만, 주민의 권리 제한 또는 의무 부과에 관한 사항이나 벌칙을 정할 때에는 법률의 위임이 있어야 한다."라고 하고 있다. 여기에서 초점이 되는 부분은 '법령의 범위'이다. 조례는 전체 법의 질서에 위배되어서는 안 되지만, 법률이 위임하지 않아도 주민의 권한이나 이익확대에 대한 내용은 입법이 가능하다. 그 예가 2016년 1월 시행된 「서울특별시 감정노동 종사자의 권리보호 등에 관한 조례」로, 법률로 감정노동자를 보호하는 내용이 없었던 시기에 만들어졌다. 이에 따라

---

3) 광역자치단체(특별시, 광역시, 특별자치시도, 특별자치도)와 기초자치단체(시·군·구, 여기서 구는 특별시와 광역시의 관할 구역 안의 구만을 말한다)로 나뉜다.

➡ 조례: 제주도 4 · 3 휴일 지정

서울시는 2018년 5월 '감정노동자 보호 가이드라인'을 만들었으며, 10월에는 '감정노동 종사자 권리보호센터'를 개소하였다. 한편, 감정노동자를 보호하는 사업주의 조치가 의무화된「산업안전보건법」개정안은 조례가 만들어진 것보다 더 늦은 2018년 4월에 공포되었다.

물음 4-4

사회복지법 중 _____는 전국 단위 법률보다 해당 지역 주민의 권한이나 이익을 더 확대시킬 수 있다.

5) 국제법

최근 국가와 국가 간의 교류와 협력이 활성화되면서 국제법이 국내법에도 많은 영향을 주고 있다.「헌법」제6조 제1항에 따르면「헌법」에 의하여 체결 · 공포된 조약과 일반적으로 승인된 국제법규는 국내법과 같은 효력을 가진다고 규정하고 있다. 여기서 조약은 대통령에 의한 체결, 비준과 함께 국회의 비준 동의를 얻어야 하며 그 내용이 의무적으로 국내 입법으로 반영되어야 한다. 한편, '일반적으로 승인된 국제법규'란 국제사회의 보편적 규범으로서 대다수 국가가 승인하고 있는 법규를 말하는데, 국제인권규약, UN 인권헌장 등이 이에 속하며 국회의 동의를 필요로 하지 않고 국내 입법 반영이 의무적이지는 않다. UN총회에서 채택된 국제조약 중 중요한 것으로 1948년 제3차 총회 때 채택된 '세계인권선언'이 있다. 이 선언은 보편적으로 사회보장을 받을 권리를 선언하였다. 그리고 1966년 채택되어 1976년 발효된 국제인권규약

□ 세계인권선언

A, B가 있다. A 규약은 경제적 · 사회적 · 문화적 권리에 관한 규약이고, B 규약은 시민적 · 정치적 권리에 관한 규약이다. 우리나라는 A, B 규약을 1990년 4월에 비준하였다.

사회보장제도와 관련해서 「사회보장기본법」 제8조에 "국내에 거주하는 외국인에게 사회보장제도를 적용할 때에는 상호주의의 원칙에 따르되 관계법령에서 정하는 바에 따른다."라고 규정되어 있다. 이에 따른 상호주의원칙에 의거해 정부는 외국 정부와 상호보장협정을 맺는데, 이 내용은 협정을 맺는 국가마다 다르다. 최근 노동력의 국가 간 이동이 활발해짐에 따라 연금, 건강보험, 실업급여 등과 관련된 사회보험 영역에서 국가 간 상호보장협정의 중요성이 커지고 있다.

물음 4-5

사회보장에 관한 한국과 외국과의 조약은 _____주의 원칙을 따른다.

한편, 우리나라 사회복지법 발전에 가장 많은 영향을 준 국제기구는 국제연합의 전문기구인 ILO(International Labour Organization: 국제노동기구)이다. ILO는 세계적으로 사회보장과 인권 보장을 실현하는 데 있어 역할이 매우 컸다. ILO에서 추진한 각종 중요한 조약이나 권고를 개별 국가에서 비준하게 되면 국내 입법화를 거치기 때문이다. 대표적인 조약으로 제2차 세계대전 이후의 「사회보장최저기준조약」(ILO 102호 조약, 1952년), 「모성보호조약」(ILO 103호 조약, 1952년), 「산업재해 · 직업병급여에 관한 조약」(ILO 121호 조약, 1964년), 「의료급여에 관한 조약」(ILO 130호 조약, 1969년) 등을 들 수 있다.

물음 4-6

우리나라 사회복지법에 많은 영향을 준 국제기구는 ＿＿＿＿＿＿＿＿이다.

UN 아동권리협약

　　최근 우리나라 사회복지법에 영향을 준 국제법으로는 「UN 아동권리협약」(Convention on the Rights of the Child: CRC, 1989)이 있다. 이 협약은 보호의 대상으로만 인식되었던 아동을 권리의 주체로 규정하고, 당사국이 이들의 권리를 보장하기 위하여 이행하여야 할 바를 규정한 국제적 조치로서, 세계 191개국이 비준하여 UN 협약 중 가장 많은 나라가 뜻을 같이하는 보편적인 협약이다. 이 협약은 1989년 11월 UN총회에서 만장일치로 채택되어 1990년 9월 2일 발효되었다. 우리나라는 일부 조항을 유보한 채 1991년 11월 20일 비준서를 기탁하였고, 같은 해 12월 20일부터 조약 107호로 발효되었다. 이 협약에 따라 아동학대 예방을 위한 조치가 포함된 조항들을 신설하는 내용으로 2000년 1월 12일 「아동복지법」이 전부개정되었고 7월 13일부터 시행하였다.

　　1984년 UN총회에서 채택하고 1985년 ILO 협약으로 발효된 「장애인의 직업재활 및 고용에 관한 협약」(Convention Concerning Vocational Rehabilitation and Employment)도 중요하다. 이 협약에서는 국내 여건에 따라 장애인의 직업재활 및 고용에 관한 국가정책을 이행해야 하며, 관련 조치가 모든 계층에 적용되도록 노력해야 하고, 권한 있는 기관(competent authorities)은 직업소개, 직업훈련, 취업 및 기타 고용에 관련된 적절한 서비스를 장애인에게 제공해야 한다고 하였다. 우리나라는 1999년 11월 비준서를 기탁했고 2000년 11월 15일 조약 제1540호로 발효되었다. 이에 따라 기존의 「장애인 고용촉진 등에 관한 법률」을 2000년 1월 12일 「장애인고용촉진 및 직업재활법」으로 전부개정하였으며 같은 해 7월 1일부터 시행하였다.

핵심 정리

법은 수직적인 위계질서를 형성하고, 효력의 강약과 우선순위가 존재한다. 법의 수직적 체계는 '헌법 → 법률 → 명령 → 조례 → 규칙'의 순으로 이루어지고, 하위법은 상위법을 위반할 수 없으며 상위법의 추상성을 구체화시키는 역할을 한다.
이 중 모든 국민은 인간다운 생활을 할 권리가 있다는 「헌법」 제34조 제1항은 최고의 사회복지규범이다. 조례는 지방의회에서 제정되는 법률로 지방자치제의 발전과 더불어 생활에 밀접한 법규범으로서 중요성이 커지고 있다. 또한 세계화와 더불어 국제법은 국내 사회복지법에 많은 영향을 주고 있다.

물음에 대한 답

4-1. 우리나라 헌법에서 사회복지의 가장 상위의 조항은 제34조 제1항 인간다운 생활을 할 권리이다.

4-2. 우리나라 헌법에서 복지국가의 경제원칙을 규정한 부분은 제119조이다.

4-3. 대통령(명)령은 시행령, 총리 및 각부 장관(명)령은 시행규칙이라고 한다.

4-4. 사회복지법 중 조례는 전국 단위 법률보다 해당 지역 주민의 권한이나 이익을 더 확대시킬 수 있다.

4-5. 사회보장에 관한 한국과 외국과의 조약은 상호주의 원칙을 따른다.

4-6. 우리나라 사회복지법에 많은 영향을 준 국제기구는 ILO(국제노동기구)이다.

5장

사회복지법과 권리

사회복지법상 권리는 법의 적용을 받는 대상자를 권리의 주체로서 인정하고 이들이 사회복지 급여 및 서비스에 대한 이익을 추구할 수 있는 힘을 법으로 부여한 것이다. 권리는 개별 법에서 대상자의 수급권으로 구체적으로 드러나지만 근본적인 권리의 근거는 인권에 있다. 즉, 인권으로부터 시작되어 추상적인 인권의 내용이 실정법상에서는 헌법의 기본권을 통해 구현되고 있으며, 이는 다시 개별 법의 사회복지수급권을 통해 직접적으로 실현된다. 그러므로 사회복지수급권은 인권을 구체적으로 실현하는 권리로서 중요한 의미를 지닌다.

1. 인권

인권은 모든 사람이 본질적으로 인간이라는 이유만으로 갖는 권리이다. 모든 사람은 인간이라는 사실만으로 자신의 존엄성과 인격을 존중받아야 한다. 인간이라는 것 외에 어떠한 추가 요건도 필요치 않으므로 인권은 모든 인간의 평등을 내포하고 있다. 따라서 인종, 피부색, 성, 국적 등 어떤 이유로든지 차별과 배제는 용납될 수 없다. 그래서 인권은 '인간이 인간이라는 사실만으로 갖는 당연한 권리', '불가양·불가침의 권리', '인간의 존엄성에 필수불가결한 권리' 등으로 이야기되어 왔다.

그러나 현실에서는 인권 보장을 가로막는 구조적인 문제들이 있고 이미 그 구조로부터 이익을 얻는 세력들이 존재하기 때문에, 인권을 현실에서 보장받기 위해서는 끊임없는 노력이 필요하다. 어느 사회에서든지 사람이지만 '사람'으로서 존엄하게 인정되지 못했던 사람들이 있었고 그러한 사람들이 인권을 획득하고자 노력하는 실천의 과정이 있어 왔다. 즉, 역사 속에서 인권을 침해당한 사람이 인간답게 살기 위해 끊임없이 노력한 대가로 인권이 보장되고 있다.

인권은 존재하지만 사회적으로 배제되었던 사람들이 사람으로 확인받기 위한 투쟁의 과정이며, 이 과정은 지금도 지속되고 있다. 이러한 인권의 역사를 살펴보면 다음과 같다.

근대 이전 절대왕정시대에는 왕이 국가권력을 독점하고 있었고 신분에 따라 모든 것이 결정되었다. 프랑스 루이 14세의 "짐이 곧 국가다."라는 말이 절대왕정을 잘 표현해 주고 있다. 절대왕정시대의 법은 '왕의 법'인데, 이는 권력자인 왕의 입장에서 피지배에 대한 통치수단으로 정립한 것이 법이기 때문이다. 즉, 이 시대의 법은 일반인의 권리보장을 위해 마련된 것은 아니었다(인권정책연구소, 2012). '천부인권'이라는 용어가 이 시기에 등장하게 되는데, 이것은 '왕권신수설'에 대항하기 위해 '하늘이 부여한 인간의 권리'라는 뜻으로 쓰였다. 이는 왕에게 독점되었던 권리를 사람들에게 되돌려 주는 중요한 근거가 되었고 시민혁명을 이끌었다. 천부인권은 왕권에 대항할 수 있는 중요한 무기였는데, 그 이유는 그 당시 대부분의 철학 또는 정치사상가들이 기독교적 가치관을 배경으로 하고 '신'의 존재를 인정하고 있었기 때문에 '신'이 부여한 자연권은 어떤 명분으로도 침범하기 어려운 영역이었기 때문이다. 그러므로 이러한 배경에 대한 설명 없이 인권의 근거로 '천부인권'에 대해 이야기하는 것은 주의가 필요하다.

시민혁명에서 인권은 '자유'를 내세우며 이러한 인권을 옹호하는 것이 국가권력의 존재 이유로 보았다. 미국은 1776년 '버지니아 권리장전'에서 국민주권과 더불어 인권을 천부적 자연권으로 규정했으며, 7월 '미국 독립선언'은 인권에 자연법적 기초를 부여하고 생명, 자유, 행복추구의 권리를 천부적 권리로 선언했다. 프랑스도 1789년 시민혁명을 통해 '인간과 시민의 권리선언'을 채택한 후 유럽최초 성문 헌법을 제정해서 국민의 기본권 보호에 노력해 왔다(국가인권위원회, 2011). 그러나 이 과정은 결코 순탄한 것이 아니었는데, 영화 〈레미제라블〉에서 나타났듯이 이 과정에서 많은 사람의 피와 땀이 뿌려졌으며 적극적인 투쟁을 통해 인권이 얻어진 것이다.

➡ 프랑스 대혁명

이때 핵심 가치는 '자유'로, 개별 존재를 강조하고 통상 '국가로부터의 자유'로 일컬어지는 자유권의 확보로, 개인은 인격적 존재로 대우받을 권리가 있으며, 사상과 양심, 종교의 자유를 갖게 되었다. 그리고 국가권력은 영장 없이 국민을 체포·구속·압수·수색할 수 없고 어떠한 경우에도 고문을 할 수 없으며, 불공정한 인신구속절차나 재판과정을 강제해서도 안 된다. 또한 국민은 선거를 통해 정치 과정에 참여할 수 있으며, 피선거권과 공직취임권을 누릴 수 있게 되었다. 문제는 이 문서들에 표시된 '인간'에 모든 사람이 포함된 것은 아니라는 것이다. 즉, 재산, 성별, 나이에 따라 범주에 포함되는 사람이 정해졌다. 예를 들면, 프랑스는 3일간의 일당에 해당하는 만큼의 세금을 납부하는 남성들만을 '능동적 시민'으로 인정하여 선거권을 부여했고, 미국도 마찬가지로 일정한 정도의 재산이 있는 남성들에게만 선거권이 인정되었다(인권정책연구소, 2012).

따라서 이렇게 소수 시민만의 자유를 보장하는 한계에 저항이 나타났는데, 대표적인 것이 바로 차티스트 운동이다. 차티스트 운동은 19세기 영국에서 일어난 선거권 확대를 요구하는 운동이다. 열악한 조건에 있던 노동자들이 현실을 개선하기 위해 정치적 참여가 필요하다는 것을 깨닫고 움직인 것이다.

인권의 개념은 19세기에 들어서면서 확장되었다. 산업혁명으로 인해 도시발달과 인구의 급증으로 도시빈민노동자 계급이 형성됨에 따라 이들에 대한 생존권 보장의 필요성이 제기되었기 때문이다. 기계가 도입되면서 기계가 숙련된 노동자를 대체함에 따라 이들의 중요성이 감소하고 단순 노동자가 늘어나게 되었는데, 이들은 저임금을 받았기 때문에 일을 해도 항상 빈곤에 시달리게 되었다. 예를 들면, 하루 평균 노동시간이 15시간에 달하도록 장시간의 노동을 했지만 임금이 매우 낮아 기본적인 의식주를 해결하기 어려웠기에, 아동까지 노동을 해야만 가족을 먹여 살릴 수 있었다. 노동에 대한 보호도 없었기 때문에 가장 임금이 저렴

한 아동은 누구보다도 선호되는 노동자였다. 그래서 5~7세 아동도 10시간 이상의 장시간 노동에 시달리며 저임금을 받는 문제가 심각해지면서 아동들이 15세를 넘지 못하고 사망하게 되고, 많은 아동이 공장에서 한꺼번에 죽는 사건도 발생하였다(장하준, 2010). 이러한 상황에서 마르크스가 자본론을 발표하고 사회주의 운동의 영향으로 노동자들이 자신의 권리를 주장하기 시작하였다. 곳곳에서 파업이 벌어지자 자본주의를 유지하기 위해서라도 국가가 노동자의 권리를 인정하지 않을 수 없는 상황이 되었다. 그래서 인정된 것이 노동자들의 단결권, 단체교섭권, 단체행동권 등의 노동 기본권이며, 노동자들의 참정권도 인정되기 시작하였다.

이후 계급투쟁과 러시아의 사회주의 혁명에 충격을 받은 서구 국가들은 1919년 독일 바이마르 헌법을 시작으로 자국의 헌법 속에 자본주의 틀 안에서의 모든 국민에게 인간다운 생활 보장을 명시하게 된다. 이렇게 현재 개별 국가들은 헌법에 노동자 계급을 포함해 모든 국민에게 인간다운 생활의 보장을 목적으로 하는 복지국가의 이념을 도입하고 있다. 그리고 이 이념을 구체화하기 위해 사회경제적 강자들의 자유로운 경제활동에 적극적인 제한 규정을 두고 되었고 사회경제적 약자에게는 '사회권'을 보장하게 되었다(국가인권위원회, 2011). 그 일환으로 양성의 평등, 가정이나 모성의 보호, 사회보장, 노동자의 단결권, 교육받을 권리, 사유재산의 절대성 제한 등과 같은 사회권이 선언되고 보장되었다(국가인권위원회, 2011). 앞서 자유권이 '국가로부터 자유'라면 사회권은 '국가에 대한 적극적 요구'를 할 수 있는 권리이다(인권정책연구소,

2012). 이처럼 사회복지는 사회권을 현실에서 실현하는 데 있어 매우 중요하며, 결국 사회복지법의 근거는 인권에 기반하고 있음을 알 수 있다.

물음 5-1

인간다운 생활 보장을 위해 헌법에 사회경제적 강자에게는 경제활동에 적극적인 제한규정을 두고, 사회경제적 약자들에게는 _____ 을 보장하게 되었다.

2. 기본권

인권이 불명확성을 지니고 비강제성이 있기 때문에 개별 국가에서, 인권은 헌법에 규정됨으로써 실정법적 권리를 의미하는 '기본권'이 된다. 기본권이라는 헌법적 권리로 전환됨에 따라 인권은 보호영역이 비교적 명확해지고 강제적 관철이 가능해질 수 있게 된다(국가인권위원회, 2011). 우리나라도 「헌법」 제10조를 통해 "모든 국민은 인간으로서의 존엄과 가치를 가지며, 행복을 추구할 권리를 가진다. 국가는 개인이 가지는 불가침의 기본적 인권을 확인하고 이를 보장할 의무를 진다."고 밝히고 있다. 기본권은 자유권, 평등권, 사회권, 참정권, 청구권 등으로 나눌 수 있는데, 앞서 살펴본 것처럼 사회복지와 관련이 깊은 것은 사회권적 기본권이다.

물음 5-2

대한민국 헌법 제10조 제2항에 '국가는 개인이 가지는 불가침의 기본적 _____ 을 확인하고 이를 보장할 의무를 진다'고 밝히고 있다.

사회권의 중요성

　사회권은 국민이 실질적 평등과 분배 정의의 실현을 국가에 요구할 수 있는 적극적인 권리로 생존권적 기본권의 성격을 지닌다. 대한민국 헌법에 보장된 사회권적 기본권은 인간다운 생활을 할 권리(제34조), 교육을 받을 권리(제31조), 근로의 권리(제32조), 노동 3권(제33조), 쾌적한 환경에서 살아갈 권리인 환경권(제35조), 혼인·가족·모성 보호·보건에 관한 권리(제36조) 등이 있다.

　이 중 제34조 제1항 "모든 국민은 인간다운 생활을 할 권리를 가진다."는 사회권의 상징적 표현이며, 사회복지법의 헌법적 근거라고 할 수 있다. 즉, 인간답게 살 수 있다는 권리가 있다는 생각만으로도 자긍심을 가질 수 있는 것이고, 제2항에서 국가는 "사회보장·사회복지의 증진에 노력할 의무를 진다."고 하고 있어 사회권을 보장하는 것이 국가의 의무임을 잘 밝히고 있다. 제6항 "국가는 재해를 예방하고 그 위험으로부터 국민을 보호하기 위하여 노력하여야 한다."를 보면 재난으로 곤경에 처한 사람들을 보호할 필요가 있으며, 더 나아가 국가는 재해를 예방할 의무도 있다.

　「헌법」에 나타난 사회적 기본권의 내용을 조금 더 구체적이고 자세하게 표현한 것이 개별 법에 따른 사회복지수급권이라고 할 수 있다.

3. 사회복지수급권

사회복지법을 통해 국가는 개인들에게 급여나 서비스를 제공하고 이때 국가와 국민은 급여 및 서비스를 매개로 법률관계가 형성된다. 그래서 국민은 급여나 서비스를 청구할 수 있는 권리를, 국가는 이에 대한 의무를 지게 된다. 이때 개인이 개별 법률에 근거하여 갖는 급여 및 서비스 청구권을 수급권이라 한다. 이러한 수급권은 인권이나 기본권에 비해 구체적이고 직접적인 권리라고 할 수 있다(윤찬영, 2010: 336).

물음 5-3

_____은 개인이 개별 법률에 근거해서 갖는 사회복지 급여 및 서비스 청구권이다.

실체적 권리로서 사회복지수급권은 헌법상의 사회적 기본권 규정을 이어받아 이를 실현시키려는 구체적인 사회복지법이 제정되었을 때, 국민들이 해당 사회복지법에 의거하여 실제적인 사회복지급여를 청구할 수 있는 구체적인 권리를 말한다(김훈, 2009: 96-97; 현외성, 2009: 136-139).

정리하면 개별 법에 의거하여 직접적으로 법의 대상자의 권리는 사회복지수급권을 통해 나타나지만, 그 근거는 인권으로 시작하여 헌법상의 사회적 기본권, 그리고 개별 법의 사회복지수급권을 통해 구체화된다.

4. 권리구제

1) 권리구제의 개념

「사회보장기본법」 제39조는 위법 또는 부당한 처분을 받거나 필요한 처분을 받지 못함으로써 권리 또는 이익의 침해를 받은 경우에 권리구제를 할 수 있다고 규정하고 있다. 이처럼 사회복지 수급자가 사회복지 처분행위에 대해 이의가 있거나 불복하는 경우 개별 사회복지법들이 규정하는 심사위원회, 심판청구, 행정법 소송 등의 법적 절차를 통하여 사회복지수급권자의 침해당한 권리를 회복하는 것을 권리구제라고 한다(이명남, 2008).

2) 권리구제의 유형

(1) 이의신청 및 심사청구

사회복지법상 권리구제는 사법적 심판이 이루어지기 전에 거치는 전심절차로 간주된다. 이는 각각의 법에서 규정하고 있는데, 사회복지급여 등의 다툼을 신속하게 처리함으로써 적용대상자의 생존권 보장과 행정적 전문성과 편의를 함께 도모하려는 것으로 풀이할 수 있다.

물음 5-4

사회복지법상 _____ 는 사법적 심판이 이루어지기 전에 거치는 전심절차로 간주된다.

사회복지법의 전심절차 유형으로는 이의신청과 심사청구가 있다. 이의신청과 심사청구는 주로 그 처분을 한 행정기관에 신청하여 처분의 시정을 요구하는 것이며, 재심사청구는 처분을 한 행정기관의 상급기관에 제기하여 처분의 시정을 요구하는 것이다(남기민, 홍성로: 2008: 82-83).

사회복지법에서 권리구제와 관련되는 전심절차는 보통 이의신청과 심판청구(「국민건강보험법」), 심사청구와 재심사청구(「산업재해보상보험법」, 「국민연금법」 및 「고용보험법」), 두 번에 걸친 이의신청(「국민기초생활 보장법」) 등 2단계로 만들어져 있다(현외성, 2009: 156). 이렇게 2단계일 경우 앞의 것을 심사청구로, 뒤의 것을 재심사청구로 본다. 그래서 재심사청구로도 승복할 수 없는 경우에는 행정소송을 통해 결정지어야 한다(윤찬영, 2010: 384). 그러나 이러한 전심절차를 거치지 않고 행정소송으로 직접 제기하는 것도 가능하다(손윤석, 2012: 13).

물음 5-5

국민건강보험법의 권리구제는 _____과 _____의 2단계로 되어 있다.

(2) 법적 쟁송

두 번에 걸친 심사청구의 결정에 불복하여 각종 사회복지급여 관련 처분이나 조치를 해결하는 마지막 방법은 법적 쟁송이다(남기민, 홍성로, 2008: 82-85; 현외성, 2009: 151-155). 법적 쟁송은 행정소송과 민사소송, 헌법소원으로 나뉜다. 행정소송은 사회복지 관련법상 규정되고 설치되어 있는 각종 심사위원회 혹은 재심사

헌법소원

위원회의 과정을 통하여 결정된 결과에 대하여 이의가 있을 경우에 제기할 수 있다. 그리고 민사소송은 일반적으로 손해배상청구소송을 말한다. 사회복지 관련법상 민사소송은 피보험자의 사회복지급여의 발생 원인이 제3자에 의하여 발생한 경우, 보험자는 즉시 피보험자의 생활안전과 복지를 위하여 사회복지급여를 제공하고 피보험자를 대신해 불법적으로 급여를 발생시킨 제3자에게 손해배상청구를 제기하는 것이다. 헌법소원은 국민의 헌법상의 권리가 국가권력에 의해 침해된 경우 헌법재판소에 제소하여 구제를 청구하는 제도이다. 헌법소원은 국민의 기본권을 보호하기 위한 최후의 보루라고 할 수 있다.

5. 국가인권위원회 차별 시정 사례

인권과 관련하여 현행법을 개정하는 방법의 하나는 국가인권위원회에 차별에 대한 진정을 신청하여 그 근거를 확보하는 것이다. 이러한 진정신청으로 사회복지법이 개정된 사례는 다음과 같다.

2007년 당시 「장애인복지법」에 의하면 한국 국적 장애인은 장애인 등록증을 발급받을 수 있으나 국내 체류 중인 외국 국적의 장애인은 외국인이라는 이유로 장애인 등록증 발급 신청이 불허되고 있었다. 이에 보건복지가족부장관을 진정인으로 하여 시정을 요구하는 진정이 국가인권위원회에 제기되었고 그 결과 국내 거주 외국인들도 장애인 등록 신청을 할 수 있도록 장애인 등록제도를 개선할 것이 권고되었다. 이에 따라 2012년 12월 「장애인

복지법」이 개정되어 제32조의2(재외동포 및 외국인의 장애인 등록)
가 신설되었다.

〈표 5-1〉 재외동포 및 외국인의 장애인 등록 관련 신설 내용

제32조의2(재외동포 및 외국인의 장애인 등록)
 ① 재외동포 및 외국인 중 다음 각 호의 어느 하나에 해당하는 사
   람은 제32조에 따라 장애인 등록을 할 수 있다.
   1.「재외동포의 출입국과 법적 지위에 관한 법률」제6조에 따라
     국내거소신고를 한 사람
   2.「출입국관리법」제31조에 따라 외국인등록을 한 사람으로서
     같은 법 제10조 제1항에 따른 체류자격 중 대한민국에 영주
     할 수 있는 체류자격을 가진 사람
   3.「재한외국인 처우 기본법」제2조 제3호에 따른 결혼이민자
 ② 국가와 지방자치단체는 제1항에 따라 등록한 장애인에 대하여
   는 예산 등을 고려하여 장애인복지사업의 지원을 제한할 수 있다.

 관련된 결정례의 내용은 다음과 같다[07진차359 · 07진차546 · 07
진차919(병합) 장애인 등록증 신청에 있어 외국인에 대한 차별].

 • 막대한 예산이 필요하거나 절차적으로 과도한 행정력이 필요
   하지 않는 한, 일정한 기간 이상 체류하는 외국 국적 장애인
   에게도 사회복지서비스를 제공받을 수 있는 자격을 주는 것
   이 장애인의 사회참여 및 인권증진 측면에서 더욱 타당하며
   바람직함
 • 우리나라는 장애인 등록 제도를 통하여 사회복지서비스의 대

상자 및 급여적 성격의 수급권 적격자를 1차적으로 선정하면
서 동시에 공공부조 서비스의 지급 판단 시 별도의 심사를 따
로 하고 있는 상황임. 즉, 장애인 등록조차 불허되는 외국인
의 경우에는 민간기관에서 제공하는 가장 기초적인 장애인복
지서비스조차 이용할 수 없는 현실임. 따라서 장애를 가진 외
국인의 일상생활 불편 해소와 장애인 관련 복지서비스 이용
의 기초 자격증명 요건인 장애인 등록 신청은 국적과 관계없
이 장애인이라면 누구나 신청할 수 있도록 하는 것이 「헌법」
이나 각종 장애인 관련 국제 기준, 그리고 최근 시행된「장애
인차별금지 및 권리구제에 관한 법률」의 입법 취지에 부합한
다고 할 것임

◆ **헌법**

제11조 ① 모든 국민은 법 앞에 평등하다. 누구든지 성별·종교
또는 사회적 신분에 의하여 정치적·경제적·사회적·문화
적 생활의 모든 영역에 있어서 차별을 받지 아니한다.

◆ **장애인권리협약**

제5조(평등과 차별금지)

1. 당사국은 모든 사람은 법 앞에서 그리고 법 아래에서 평
   등하며 어떠한 차별 없이 법의 동등한 보호와 혜택을 받
   을 자격이 있음을 인정한다.
2. 당사국은 장애로 인한 모든 차별을 금지하고, 모든 유형
   의 차별에 대하여 동등하고 효과적인 법적보호를 장애인

들에게 보장한다.

3. 당사국은 차별을 철폐하고 평등을 증진하기 위하여 합리적 편의가 제공되도록 보장하는 모든 적절한 조치를 취한다.

4. 장애인의 사실상의 평등을 촉진시키거나 성취하기 위해 필요한 구체적인 조치들은 이 협약의 조항하에서 차별로 간주되지 않는다.

◆ 국가인권위원회법

제2조(정의) 4. 평등권침해의 차별행위라 함은 합리적인 이유 없이 성별, 종교, 장애, 나이, 사회적 신분, 출신지역(출생지, 등록기준지, 성년이 되기 전의 주된 거주지역 등을 말한다), 출신국가, 출신민족, 용모 등 신체조건, 기혼·미혼·별거·이혼·사별·재혼·사실혼 등 혼인여부, 임신 또는 출산, 가족형태 또는 가족상황, 인종, 피부색, 사상 또는 정치적 의견, 형의 효력이 실효된 전과, 성적 지향, 학력, 병력 등을 이유로 한 다음 각 목의 하나에 해당하는 행위를 말한다. 다만, 현존하는 차별을 해소하기 위하여 특정한 사람(특정한 사람들의 집단을 포함한다. 이하 같다)을 잠정적으로 우대하는 행위와 이를 내용으로 하는 법령의 제·개정 및 정책의 수립·집행은 평등권 침해의 차별행위(이하 "차별행위"라 한다)로 보지 아니한다.

핵심 정리

사회복지수급권은 개인이 개별 법률에 근거하여 갖는 사회복지 급여 및 서비스 청구권이다. 추상적인 인권은 헌법의 사회적 기본권을 통해 구현되고 있으며 이것은 다시 개별 사회복지수급권을 통해 구체적이고 직접적으로 실현된다. 권리구제는 사회복지수급자가 사회복지 처분행위에 대해 이의가 있거나 불복하는 경우 심사위원회 등의 법적 장치를 통해 침해당한 권리를 회복하는 것이다. 권리구제는 사회복지급여 등의 다툼을 신속히 처리함으로써 적용대상자의 생존권 보장 및 행정적 전문성과 편의를 함께 도모하려는 것이다.

물음에 대한 답

5-1. 인간다운 생활 보장을 위해 헌법에 사회경제적 강자에게는 경제활동에 적극적인 제한규정을 두고, 사회경제적 약자들에게는 사회권을 보장하게 되었다.

5-2. 대한민국 헌법 제10조 제2항에 '국가는 개인이 가지는 불가침의 기본적 인권을 확인하고 이를 보장할 의무를 진다'고 밝히고 있다.

5-3. 사회복지수급권은 개인이 개별 법률에 근거해서 갖는 사회복지 급여 및 서비스 청구권이다.

5-4. 사회복지법상 권리구제는 사법적 심판이 이루어지기 전에 거치는 전심절차로 간주된다.

5-5. 국민건강보험법의 권리구제는 이의신청과 심판청구의 2단계로 되어 있다.

6장

한국 사회복지법의 발달

시대의 변화와 요구를 반영하면서 사회복지법은 제정되거나 개정되어 왔다. 그러므로 사회복지법이 시대와 사회의 요구에 따라 어떻게 변화되어 왔는지 그 발달과정을 살펴볼 필요가 있다. 법은 공포와 시행 시기가 다른 경우가 많은데, 이 장에서는 공포시기를 기준으로 하였다.

1. 1960년대 이전

식민지를 경험했던 많은 나라와 마찬가지로 1948년 정부 수립 이후에도 대한민국은 일제 강점기에서 적용되었던 기존 법과 제도를 계속 많이 활용하였다. 사회복지법에서 대표적인 것은 일제 강점기에 만들어진 「조선구호령」(1944년)으로, 이것은 이후 우리나라의 근대적인 공공부조 제도의 기원이 되었다. 조선구호령은 빈민을 구제하는 목적이라기보다는 제2차 세계대전이 한창이었던 당시 전시동원체제하의 식민지 통치의 효율성을 제고하기 위해 만들어졌다(윤찬영, 2010: 428-429). 다시 말해, 돌봐야 하는 가족이 있다는 이유로 징병 및 징용을 거부하는 것을 막고자, 남겨지는 가족은 국가가 지원해 준다는 명목으로 만들어진 것이다. 따라서 주요 내용으로는 65세 이상의 노쇠자, 13세 이하의 아동, 임산부, 불구, 폐질, 질병, 상병, 기타 정신 또는 신체의 장애로 노동에 지장이 있는 자를 대상으로 생활부조, 의료부조, 조산부조, 생업부조를 실시하도록 하고 있다. 이후 미군정 시대에도 조선구호령을 그대로 사용하였으며, 기타 이재민과 피난민 구호를 위한 후생국보 3A호, 3C호 등을 실시하기도 하였다.

이렇게 「대한민국 헌법」이 만들어지기 전까지는 조선구호령을 바탕으로 구호사업을 펼쳤으며, 「대한민국 건국 헌법」(1948년) 제19조에서 구호사업 등에 대해 법률이 정하도록 규정이 명시되었다. 그러나 개별 법률이 마련되기도 전인 1950년에 한국전쟁이 일어나면서 계속해서 조선구호령에 따라 공공부조가 실시되었다. 이후 전쟁 등으로 인하여 국가질서의 유지가 중요한 문제로 떠오르자, 「군사원호법」(1950), 「경찰원호법」(1951), 「후생시설설치기준령」(1950), 「사회사업을 목적으로 하는 법인설립 허가신청에 관한 규칙」(1952) 등이 제정되었다.

물음 6-1

일제 강점기에 만들어진 _____은 1961년 생활보호법이 제정될 때까지 공공부조를 담당했다.

2. 1960~1970년대

5 · 16 군사 쿠데타로 만들어진 제3공화국 정부는 민심을 수습하고 쿠데타 권력의 정당성을 인정받기 위해 가난으로부터 국민을 구제하겠다는 혁명공약을 내걸고 많은 입법을 추진하였다. 산업화와 경제정책을 위한 법이 중요하게 마련되었고 사회복지 입법도 이와 관련되어 추진되었다. 그래서 1960년에 「공무원연금법」, 1961년에 「갱생보호법」, 「윤락행위 등 방지법」, 「생활보호법」, 「아동복리법」이 제정되었고, 1962년에 「선원보험법」, 「재해구호법」, 「국가유공자특별원호법」, 1963년에 「군인연금법」, 「산업재해보상보험법」, 「사회보장에 관한 법률」, 「의료보험법」이 제정되었다. 「갱생보호법」과 「윤락행위 등 방지법」은 쿠데타 이후의 사회기강 규율을 세우기 위해 제정된 것이고, 「국가유공자특별원호법」과 「군인연금법」은 권력의 지지 기반을 다지기 위해 제정된 것이다.

그리고 산업화에 대비하기 위해 만들어진 사회복지법들이 있었다. 그중 「생활보호법」은 기존 조선구호령의 내용과 별 차이가 없었고 이후 1999년 「국민기초생활 보장법」이 만들어지고 2000년 시행되기까지 약 40년간 대표적인 공공부조 법률로서 기능하였다. 그리고 한국전쟁 등으로 인해 보호가 필요한 아동들에 대한 지원 때문에 「아동복리법」이 만들어졌다. 한편, 이때 만들어진 「의료보험법」이나 「선원보험법」은 실시되지 않았으며, 「사회보장에 관한 법률」은 사회보장에 대해 매우 소극적인 입장을 표명하는 정도의 법률이어서 큰 변화를 가져오지는 못했다. 다른 사회복지법들과 달리 우리나라의 사회보험 중 가장 빨리 만들어진 「산업재해보상보험법」은 산업화를 위해 필수적인 법이므로 곧바로 실시되었다.

1960년대 중반 이후부터 외원단체들이 철수함에 따라 1970년에는 사회복지서비스 영역에서 기본적인 성격을 가진 「사회복지사업법」이 제정되었다. 이 법은 사회복지서비스에 대한 국가책임을 언급하지 않았고 주로 민간 사회사업에 대한 규정이 중심을 이루었다. 1972년 「유신헌법」이 통과된 후, 1973년에 공무원과 군인에 이어 교원에게도 공적연금을 주는 「사립학교교원연금법」이 제정되었다. 한편, 이 시기에는 외국의 무상원조가 차관으로 바뀌면서 경제개발을 위한 내수자본 동원을 위한 전략으로 「국민복지연금법」이 제정되었으나 시행되지는 못했다. 유신정권의 말기인 1976년에 「의료보험법」을 개정하여 1977년부터 500인 이상 사업장 근로자에게 적용하는 의료보험을 실시하였으며, 이와 관련된 「의료보호법」과 「공무원 및 사립학교교직원 의료보험법」이 1977년 제정되었다.

➡ 건강보험의 가치

3. 1980~1990년대

전두환 정권의 제5공화국은 국정 목표를 정의로운 복지사회의 구현으로 내세웠다. 이는 공포정치를 단행하면서도 군사 쿠데타와 5·18 광주학살을 통해 집권한 정권이어서 권력의 정당성을 확보하고 국민의 민심을 얻기 위하여 유화적인 조치를 취해야 했기 때문이다. 이 시기에는 노인, 장애인 등 복지 대상자에 대한 사회복지서비스법들이 만들어지고 최저임금제도 마련 및 「국민연

금법」제정이 이루어졌으며 의료보험 대상자가 확대되는 등 기본
적인 복지제도의 틀이 갖추어졌다.

　대상자에 대한 법으로는 1981년에 「아동복리법」이 「아동복지
법」으로 개정되었고, 「심신장애자복지법」, 「노인복지법」 등이 제
정되었다. 1982년에 「생활보호법」이 개정되어 자활보호와 교육보
호가 추가되었으며, 1983년 「사회복지사업법」은 사회복지사 자격
제도가 도입되는 등의 내용으로 전부개정이 이루어졌다.

물음 6-2

＿＿＿＿＿＿＿은 1970년에 제정되었고, 1983년 개정 때 사회복지사 자격제도가 도
입되었다.

　「국민연금법」은 1986년 12월에 제정되어 1988년 제6공화국인
노태우 정권에서 시행되었다. 이로써 국민들의 기본적 노후소득
보장을 위한 토대가 마련되었으며, 1987년 12월에 「의료보험법」
이 개정되어 1989년에 도시 지역주민, 자영업자까지 의료보험이
적용되었다. 이에 우리나라는 의료보험 시행 12년 만에 전국민
의료보험이 가능해졌다.

물음 6-3

1973년 국민복지연금법이 제정되었으나 시행되지 못하고 국민연금법이 ＿＿＿＿년 제
정되어 ＿＿＿＿년부터 시행되었다.

　한편, 1986년에 「최저임금법」이 제정되어 1988년 1월부터 시행
되었는데, 이는 노동자의 생활안정과 노동력의 질적 향상을 위하
여 노동자의 최저임금수준을 보장하고자 함이었다.

▶ 최저임금제

1988년 시작된 노태우 정권은 전두환 정권인 제5공화국과 본질적으로 비슷한 성격을 가졌고, 제5공화국에서 공포된 「국민연금법」과 「최저임금법」이 시행되었다.

연령 조건으로 인해 생활보호법 적용을 받지 못하는 저소득 모자가정을 지원하기 위해 사회복지서비스 분야에서는 「모자복지법」이 1989년 제정되었고, 1988년 장애인올림픽의 영향으로 기존의 「심신장애자복지법」이 1989년 「장애인복지법」으로 전부개정되었다.

한편, 저소득 맞벌이 가정의 탁아 문제가 사회문제로 대두되면서 1991년에 「영유아보육법」이 제정되었다. 같은 해 「사회복지사업법」의 개정이 이루어져 1987년부터 시범적으로 배치되었던 사회복지전문요원의 배치가 법적으로 규정되었는데, 사회복지전문요원은 이후 사회복지전담공무원으로 명칭이 바뀌었다. 현재 사회복지전담공무원 관련 규정은 2017년부터 「사회보장급여의 이용·제공 및 수급권자 발굴에 관한 법률」에 옮겨져 있다.[1]

4. 1990년대(IMF 이전까지)

1993년 시작된 김영삼 정권에서는 신자유주의 경제체제의 도

---

1) 사회복지전담공무원은 1987년 사회복지전문요원이란 시범사업으로 시작되었으며, 과거 읍·면·동에만 배치되었다가 1999년 시·도까지 확대 배치되었다.

입과 이를 반영하는 노동관련 복지정책의 강화가 이루어졌다. 대
표적으로 경제의 구조조정과 노동의 유연화 정책 실시에 대비하
여 실업급여와 직업훈련 등의 급여가 제공되는 「고용보험법」이
1993년에 제정되어 1995년에 시행되었다. 이로써 드디어 우리나
라는 4대 보험체계를 구축하게 되었다. 그러나 고용보험이 늦게
도입되었기 때문에 1997년 IMF로 대량실업 사태가 발생했을 때
고용보험으로 이를 대처하기 어려웠고, 그래서 관련된 내용이 공
공부조법인 「국민기초생활 보장법」에 담기게 되었다.

물음 6-4

_____ 이 1993년에 만들어짐으로써 우리나라는 비로소 4대 보험체계를 갖추
게 되었다.

　1995년에는 「국민연금법」이 개정되어 대상의 범위가 농어촌 자
영자에게까지 확대되었으며, 같은 해 12월 국가의 사회보장제도
를 체계화한 「사회보장기본법」이 제정되었다. 그리고 1994년에
는 「성폭력범죄의 처벌 및 피해자보호 등에 관한 법률」이 제정
되었고, 1995년에는 정신건강의 중요성을 강조하고 정신질환자
의 인권 및 삶의 질 향상을 위해 「정신보건법」이 제정되었다. 한
편, 1997년에는 국민의 자발적인 성금으로 공동모금된 재원을 효
율적으로 관리 · 운용함으로써 사회복지 증진에 이바지하기 위해
「사회복지공동모금회법」, 그리고 가정폭력을 사회문제로 규정하
고 이에 대한 사회적 접근을 가능하게 한 「가정폭력 방지 및 피해
자보호 등에 관한 법률」이 제정되었다.
　1997년 「사회복지사업법」의 전부개정은 장애인 시설에서 일어

나는 횡령과 인권침해를 사회에 알리는 계기가 되었던 1996년
11월 에바다농아원 사건의 영향을 받았다. 이 사건으로 인해 사
회적으로 사회복지사업 운영에 대한 책임성과 전문화가 본격적
으로 요구되기 시작하였던 것이다. 그래서 1997년 전부개정은 사
회복지시설의 책임성 강화를 위해 시설의 평가제를 도입하는 등
공공성을 확보하도록 하였고, 전문화의 일환으로 사회복지사 1급
취득을 시험으로 바꾸는 등 사회복지사 자격제도의 정비도 이루
어졌다. 한편으로는 사회복지시설의 신고제를 도입하여 다양한
복지주체가 사회복지사업에 참여할 수 있도록 하는 복지다원주
의적 경향을 나타냈다. 같은 해 「생활보호법」의 개정을 통해 저소
득 빈민층의 자활공동체를 지원하였으며, 대상자 요건을 일부 완
화하여 부조기능을 강화하면서 자활후견기관 및 자활공동체 규
정을 두어 자활을 강조하는 입법이 이루어졌다. 2000년 「국민기초
생활 보장법」 시행으로 공공부조에서 자활사업이 시작된 것으로
많이 오해하는데, 법 제정 이전에 이미 공공부조가 자활을 강조하
는 방향으로 가고 있음을 「생활보호법」 개정을 통해 알 수 있다.
또한 1997년 12월 대통령 선거에서 각 후보들이 의료보험 통합에
합의하여 정기국회에서 「국민의료보험법」이 제정됨에 따라 의료
보험 통합이 시작되었다.

국민기초생활
보장법

5. IMF 이후~2000년대

IMF로 인해 구조조정이 진행되고 실업률이 급상승하는 시기

에 김대중 정권이 시작되었다. 의료보험 통합을 진전시키기 위해 1999년 「국민건강보험법」이 제정되어 2000년 시행됨에 따라 운영에 있어 단일한 통합체계의 구축이 이루어졌다. 같은 해 「국민기초생활 보장법」이라는 새로운 공공부조법이 제정되었는데, 이는 자활을 강조하는 근로연계 공공부조법이다. 이 법의 제정으로 기존의 공공부조법인 「생활보호법」이 폐지되었고, 그동안 공공부조 대상의 기준이었던 인구학적 기준이 철폐되었다. 1999년 「장애인복지법」이 전부개정되면서 장애인 범주가 대폭 확대되었고, 2000년에 장애인이 직업생활을 통하여 인간다운 생활을 할 수 있도록 기존의 「장애인고용촉진법」이 「장애인고용촉진 및 직업재활법」으로 전부개정되었다.

물음 6-5

＿＿＿＿＿＿이 1999년 제정되고 2000년 시행됨에 따라 의료보험 운영의 단일한 통합체계 구축이 이루어졌다.

UN 아동권리협약의 영향으로 소년소녀가장제도를 없애고 가정위탁제도를 도입하고 아동학대 예방사업 등이 추가되어 「아동복지법」이 2000년에 전부개정되었다. 2001년에는 「국민기초생활 보장법」과 관련된 내용을 정비하여 「의료보험법」이 「의료급여법」으로 명칭이 변경되며 전부개정되었다.

특히 김대중 정권 시기는 「국민건강보험법」 및 「국민기초생활 보장법」 제정, 국민연금 개혁 단행 및 복지재정 확대 등을 통해 생산적 복지라는 새로운 패러다임이 제시되었다.

노무현 정권의 참여정부 때인 2003년에는 지역사회복지체계 구축이라는 새로운 목표를 추가하는 「사회복지사업법」 개정이 이루어졌다. 주요 내용으로 지역사회복지계획의 수립과 지역사회복지협의체를 설치하게 함으로써 민·관 협력의 활성화를 통해 지역사회복지를 강화하도록 하였다.[2] 또한 '사회복지서비스 이용권(복지 바우처 제도)'의 근거를 마련함으로써 소득이 아닌 욕구에 근거하여 사회복지서비스를 이용하고 이를 정부가 지원할 수 있는 기틀을 마련하였다. 그리고 2004년 영유아보육사업의 공정성을 강화하기 위해 「영유아보육법」을 전부개정하였다. 또한 가정의 중요성을 고취하고자 건강가정지원센터 설립과 건강가정사에 대한 내용이 담긴 「건강가정기본법」도 제정하였다. 2007년에는 「기초노령연금법」, 「노인장기요양보험법」을 제정(시행은 2008년)함으로써 노령화에 대한 대비를 하게 하였으며, 「장애인 차별금지 및 권리구제 등에 관한 법률」을 제정하였다. 같은 해에 기존의 「모·부자 복지법」을 「한부모가족지원법」으로 개정하여 조손가족과 다문화가족에 대한 지원도 가능하도록 하였다.

한편, 공공부조의 사각지대를 없애려는 노력은 계속되어 「국민기초생활 보장법」이 2005년 개정을 통해 부양의무자 규정을 1촌의 직계혈족 및 그 배우자로 축소하였고, 최저생계비 계측 기간을 기존 5년에서 3년으로 단축하였다. 그리고 외국인에 대한 특례를 적용하여 다문화가정에서도 수급자격을 가질 수 있도록 하였으며, 2006년

---

2) 현재는 지역사회보장계획, 지역사회보장협의체로 명칭이 바뀌었고 「사회보장급여의 이용·제공 및 수급권자 발굴에 관한 법률」에 옮겨져 관련 내용이 규정되어 있다.

개정으로 중앙자활센터를 도입하도록 하였다.

2003년 시작된 이명박 정부에서는 복지를 위한 뚜렷한 목표나 지표 없이 정치적 관계에 의해 입법이 되었다. 대표적인 것이 「아동·청소년 복지법」의 추진으로, 예전부터 아동과 청소년 업무가 통합되어야 한다는 의견이 많았고 이에 기존 청소년 관련법들의 추진부서를 문화관광체육부에서 보건복지가족부로 전환하는 등 아동과 청소년 관련 업무를 통합하여 추진하고자 노력하였다. 그러나 논의가 많이 진전되던 중 갑자기 여성부를 여성가족부로 전환하면서 청소년 업무를 여성가족부로 이관하고 다시 아동과 청소년 업무가 분리되었다. 2008년에는 다문화가족에 대한 관심과 지원의 필요성이 높아지면서 「다문화가족지원법」이 제정되었다. 한편, 개별 대상들에 대한 지원 법률은 선거 시기를 중심으로 이슈화되면서 제정되었는데, 2010년 6월 자치단체선거를 앞두고 이루어진 중증장애인 대상의 「장애인연금법」 제정이 바로 그 예이다.

한편, 2009년에는 사회보험료의 통합징수를 위해 고용보험, 산업재해보상보험, 국민연금, 건강보험 등의 사회보험료 징수 업무를 국민건강보험공단으로 일원화하는 내용으로 「국민건강보험법」이 개정되어 2011년 1월 1일부터 시행되었다.

6. 2010년대 이후

2011년에는 장애인복지시설 이용자 중심의 서비스체계 구축을 위해 「장애인복지법」이 개정되었으며, 「장애인활동 지원에 관한 법률」과 「장애아동복지지원법」이 제정되었다. 같은 해에 「사회복지사 등의 처우 및 지위 향상을 위한 법률」이 제정됨으로써 사회복지사의 신분보장과 처우개선을 위한 기틀이 마련되었고, 노숙인과 부랑인들의 인간다운 생활을 할 권리를 보호하고 재활 및 자립을 위한 기반을 조성하여 이들의 건전한 사회복귀와 복지 증진에 이바지하기 위해 「노숙인 등의 복지 및 자립지원에 관한 법률」이 제정되었다.

2012년 1월에는 시설이용자의 인권보호와 사회복지법인과 시설운영의 투명성을 강화하는 내용으로 「사회복지사업법」이 개정되었다. 같은 시기에 사회정책과 경제정책을 통합적으로 고려하여 국민의 보편적 · 생애주기적 특성에 맞게 소득과 사회서비스를 함께 보장하는 방향으로 사회보장제도를 정립하기 위하여 「사회보장기본법」이 전부개정되었고 2013년 1월부터 시행되었다.

2013년 시작된 박근혜 정부에서 제정되거나 개정된 법들은 기존에 문제가 되었던 부분에 대한 개선으로 입법이 시작되어서 기대를 많이 모았으나 실제로 공포된 내용은 문제가 해결되지 않거나 그 이전보다 더 나빠지기도 하여 실망스러운 부분이 많았다. 대표적으로 2014년에 입법이 이루어진 법들이 그 예이다.

점점 심각해지는 아동학대범죄에 대한 처벌을 강화하고 아동학대범죄가 발생한 경우 긴급한 조치 및 보호가 가능하도록 제도를 마련하기 위해 아동학대에 대한 강력한 대처와 예방을 목적으로 하여 1월 제정되어 9월부터 시행된 「아동학대범죄의 처벌 등에 관한 특례법」은 그 실효성에서 의문이 제기되었다. 예를 들면, 아동학대 신고 시, 아동보호전문기관 직원 및 사법경찰관의 즉시 출동이 의무화되었지만 아동보호전문기관의 직원 인원은 법 제정 이전과 동일하게 되어 있어 인력의 즉시 출동 의무를 다할 수 있는 기반이 마련되지 않았다.

한편, 지방자치단체장 선거를 앞두고 빈곤노인의 소득보장 강화가 이슈가 되어 기존「기초노령연금법」을 대체하여「기초연금법」이 5월에 제정되어 7월부터 시행되었으나 실제 내용상 빈곤노인 소득보장에 크게 기여를 하지 못했다. 또한「국민기초생활 보장법」이 맞춤형 개별 급여체계로 전환되고 중위소득을 기준으로 하도록 개정(12월 개정, 2015년 7월 1일 시행)되었으나 그동안 사각지대를 양성하는 데 가장 큰 걸림돌이었던 부양의무 조항은 삭제되지 않았다. 이러한 맞춤형 급여체계의 일환으로「주거급여법」이 1월에 제정되어 10월부터 시행되었다. 그리고 사회보장급여의 신청 및 조사와 발굴 등 복지대상자 선정과 지원에 관한 사항을 구체적으로 규정하고 복지사각지대를 해소하기 위한 방안을 제도적으로 마련하기 위해「사회보장급여의 이용·제공 및 수급권자 발굴에 관한 법률」이 제정되어 2015년 7월 1일부터 시행되었다.

한편, 발달장애인의 권리를 보호하고, 그 보호자 등의 삶의 질을 향상시킴으로써 국민 전체의 행복에 기여하기 위한 목적으로「발달장애인 권리보장 및 지원에 관한 법률」이 2014년 5월에 제정되어 2015년 11월에 시행되었다.「정신보건법」은 2016년 5월「정신건강증진 및 정신질환자 복지서비스 지원에 관한 법률」로 개정되어 2017년 5월에 시행되었다.

2017년 시작된 문재인 정부에서는 그동안 개선이나 도입이 요청되었던 사회보장관련 내용들이 강화되는 방향으로 진행되고

있다. 먼저, 국민기초생활보장제도에서 가장 큰 문제로 지적되어
왔던 부양의무자 규정이 「주거급여법」에서는 2018년 개정으로 삭
제되었으며 단계적으로 폐지하는 방향으로 입법이 이루어지고
있다. 또한 아동의 건강한 성장 환경을 조성하여 아동의 기본적
권리와 복지 증진에 기여하기 위한 「아동수당법」이 2018년 3월에
제정되어 9월부터 시행되었다.

「아동복지법」이 2019년 개정되면서 아동권리보장원을 설립하
여 그동안 아동학대예방 및 방지업무, 보호대상아동 및 취약계층
아동에 대한 지원업무 등 아동 지원업무가 별개의 기관에 위탁되
어 산발적으로 운영되던 문제를 해결하고 아동정책을 종합적이
고 체계적으로 추진할 수 있는 기반을 마련하였다. 또한 2020년
에는 그동안 아동보호전문기관에서 담당하던 아동학대 조사업무
를 시·도지사 또는 시장·군수·구청장이 아동학대전담공무원
을 두고 아동학대 조사업무를 수행하게 하는 등 아동학대 조사체
계를 공공 중심으로 개편하는 내용으로 개정되었다.

핵심 정리

일제 강점기에 만들어진 조선구호령은 1961년 「생활보호법」이 제정될 때까지 공공부조를 담당했다. 1970년에 「사회복지사업법」이 제정되었으며 1983년 개정으로 사회복지사자격제도가 도입되었다. 1980년대에는 대상별 사회복지서비스법이 제정되기 시작했다. 신자유주의 경제체제의 도입과 아울러 이에 따르는 복지정책이 강화되면서 1993년에 「고용보험법」이 제정되고 1995년에 시행되었으며, 「국민연금법」은 1986년 제정되어 1988년에 시행되었다. 생산적 복지라는 새로운 패러다임을 제시하면서 1999년 「국민기초생활 보장법」이 제정되었고 2000년에 시행되었다. 기존 「의료보험법」은 1999년에 「국민건강보험법」으로 대체되었고 2000년에 시행되었다. 2014년에는 「국민기초생활 보장법」이 개정되어 맞춤형 개별급여로 전환되었고 2015년 시행되었다. 아동의 건강한 성장 환경을 조성하여 아동의 기본적 권리와 복지 증진에 기여하기 위한 「아동수당법」이 2018년 3월에 제정되었다.

물음에 대한 답

6-1. 일제 강점기에 만들어진 조선구호령은 1961년 생활보호법이 제정될 때까지 공공부조를 담당했다.

6-2. 사회복지사업법은 1970년에 제정되었고, 1983년 개정 때 사회복지사 자격제도가 도입되었다.

6-3. 1973년 국민복지연금법이 제정되었으나 시행되지 못하고 국민연금법이 1986년 제정되어 1988년부터 시행되었다.

6-4. 고용보험법이 1993년에 만들어짐으로써 우리나라는 비로소 4대 보험체계를 갖추게 되었다.

6-5. 국민건강보험법이 1999년 제정되고 2000년 시행됨에 따라 의료보험 운영의 단일한 통합체계 구축이 이루어졌다.

7장

사회보장기본법과 사회보장급여의 이용 · 제공 및 수급권자 발굴에 관한 법률
(사회보장급여법)

1. 사회보장기본법

2. 사회보장급여의 이용 · 제공 및 수급권자 발굴에

관한 법률(사회보장급여법)

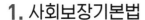

1. 사회보장기본법

「헌법」 제34조 제1항(모든 국민은 인간다운 생활을 할 권리를 가진
다)에 근거한 사회복지의 이념은 너무 추상적이어서 이를 개별 법
으로 구현하기에는 어려움이 있다. 그래서 사회보험, 공공부조,
사회서비스에 대한 법률을 총체적으로 지휘하는 기본법으로 「사
회보장기본법」이 1995년 제정되어 1996년부터 시행되었다.

불평등을 줄이는
방법

1) 목적

「사회보장기본법」은, 첫째, 사회보장에 관한 국민의 권리와 국
가 및 지방자치단체의 책임을 정하고, 둘째, 사회보장정책의 수
립·추진과 관련 제도에 관한 기본적인 사항을 규정하여, 셋째,
국민의 복지 증진에 이바지함을 목적으로 하는 법이다(법 제1조).
이러한 목적 규정은 「헌법」 제34조 제1항의 인간다운 생활을 할
권리와 제2항에 있는 국가의 의무를 구체화하려는 규범적 목적을

분명히 하려는 것이다(윤찬영, 2010: 460).

물음 7-1

사회복지법 체계에서 헌법 다음으로 중요한 위치를 차지하고 있는 법률은 ＿＿＿＿＿＿ 이다.

2) 기본 이념

사회보장은 모든 국민이 다양한 사회적 위험으로부터 벗어나 인간다운 생활을 향유할 수 있도록 자립을 지원하며, 사회참여· 자아실현에 필요한 제도와 여건을 조성하여 사회통합과 행복한 복지사회를 실현하는 것을 기본 이념으로 한다(법 제2조).

3) 기본 개념 정의

「사회보장기본법」은 각종 사회복지와 관련된 개념들을 다음과 같이 정의하고 있다.

(1) 사회보장

"사회보장"이란 출산, 양육, 실업, 노령, 장애, 질병, 빈곤 및 사망 등의 사회적 위험으로부터 모든 국민을 보호하고 국민 삶의 질을 향상시키는 데 필요한 소득·서비스를 보장하는 사회보험, 공공부조, 사회서비스를 말한다(법 제3조 제1호). 여기서 '사회보장' 이라는 용어는 일반적으로 사회복지학에서 쓰이는 '사회복지'라는 개념으로 보아야 할 것이다. 이렇게 사회적 위험을 규정한 것은 많은 사회적 위험 중에 특별히 개입하고자 하는 사회적 위험에 대한 의지를 표명한 것이다.

(2) 사회보험

"사회보험"이란 국민에게 발생하는 사회적 위험을 보험의 방식으로 대처함으로써 국민의 건강과 소득을 보장하는 제도를 말한다(법 제3조 제2호).

(3) 공공부조

"공공부조(公共扶助)"란 국가와 지방자치단체의 책임하에 생활유지능력이 없거나 생활이 어려운 국민의 최저생활을 보장하고 자립을 지원하는 제도를 말한다(법 제3조 제3호). 국가와 지방자치단체의 책임이라는 말은 제도의 관리와 감독을 국가와 지방자치단체가 담당하며 재정은 조세로 충당한다는 것을 의미한다.

물음 7-2

_____란 국가 및 지방자치단체의 책임하에 생활유지능력이 없거나 생활이 어려운 국민의 최저생활을 보장하고 자립을 지원하는 제도를 말한다.

(4) 사회서비스[1]

"사회서비스"란 국가 · 지방자치단체 및 민간부문의 도움이 필요한 모든 국민에게 복지, 보건의료, 교육, 고용, 주거, 문화, 환경 등의 분야에서 인간다운 생활을 보장하고 상담, 재활, 돌봄, 정보의 제공, 관련 시설의 이용, 역량 개발, 사회참여 지원 등을 통하여 국민의 삶의 질이 향상되도록 지원하는 제도를 말한다(법 제3조 제4호). 사회서비스는 기존의 사회복지서비스와 관련 제도를 통합한 개념이지만, 법상의 분야 중 교육, 고용, 주거, 문화, 환경 등은 관장부서가 보건복지부가 아니어서 법 적용에 있어 현실적 장벽이 존재한다.

(5) 평생사회안전망

"평생사회안전망"이란 생애주기에 걸쳐 보편적으로 충족되어야 하는 기본욕구와 특정한 사회위험에 의하여 발생하는 특수욕구를 동시에 고려하여 소득 · 서비스를 보장하는 맞춤형 사회보장 제도를 말한다(법 제3조 제5호).

4) 사회보장의 주체와 책임

「사회보장기본법」에서는 사회복지공급의 주체를 국가 및 지방자치단체, 가정, 지역공동체, 국민 개개인 등으로 다양하게 제시

---

1) '사회서비스'란 용어는 각 법률에 따라 정의하는 바가 다르므로 적용 시에는 개별 법률에 따라 잘 살펴봐야 한다.

하고 있다. 하지만 무엇보다도 사회복지에 있어서는 국가 책임을 우선적으로 확립하는 것이 필요하다.

(1) 국가 및 지방자치단체의 책임

국가 및 지방자치단체는 모든 국민의 인간다운 생활을 유지·증진하는 책임을 가지며 사회보장에 관한 책임과 역할을 합리적으로 분담해야 한다. 그리고 지속 가능한 사회보장제도를 확립하고 매년 이에 필요한 재원을 조달하여야 한다. 또한 국가는 중장기 사회보장 재정추계를 격년으로 실시하고 이를 공표하여야 한다(법 제5조). 국가와 지방자치단체는 가정이 건전하게 유지되고 그 기능이 향상되도록 노력하여야 하며 사회보장제도를 시행함에 있어 가정과 지역공동체의 자발적 복지활동을 촉진하여야 한다(법 제6조).

(2) 국민의 책임

모든 국민은 자신의 능력을 최대한 발휘하여 자립·자활(自活)할 수 있도록 노력하고, 보호가 필요한 사람에게 지속적 관심을 가지고 이들이 보다 나은 삶을 누릴 수 있는 사회환경 조성에 협력하고 노력해야 한다. 관계 법령이 정하는 바에 따라 비용의 부담, 정보의 제공 등 국가의 사회보장정책에 협력하여야 한다(법 제7조).

5) 대상

기본적으로는 국민을 대상으로 하고 있고 국내에 거주하는 외국인에게 사회보장제도를 적용할 때에는 상호주의의 원칙에 따르되, 관계 법령에서 정하는 바에 따른다(법 제8조).

6) 급여

(1) 사회보장을 받을 권리: 사회보장수급권

모든 국민은 사회보장 관계 법령에서 정하는 바에 따라 사회보장급여를 받을 권리(이하 "사회보장수급권"이라 한다)를 가진다(법 제9조).

(2) 급여 수준

사회보장급여의 수준과 관련하여 다음과 같은 세 개의 원칙을 규정하고 있다(법 제10조).

① 국가와 지방자치단체는 모든 국민이 건강하고 문화적인 생활을 유지할 수 있도록 사회보장급여의 수준 향상을 위하여 노력하여야 한다(제1항).
② 국가는 관계 법령에서 정하는 바에 따라 최저보장수준과 최저임금을 매년 공표하여야 한다(제2항).
③ 국가와 지방자치단체는 제2항에 따른 최저보장수준과 최저임금 등을 고려하여 사회보장급여의 수준을 결정하여야 한다(제3항).

최저임금이 사회보장급여의 수준을 정하는 데 영향을 주고 있기 때문에 매년 최저임금 결정에 많은 관심을 기울여야만 한다. 또한 사회보장급여 수준 결정에 '열등처우의 원칙'이 영향을 주고 있음을 제3항을 통해 알 수 있다.

(3) 수급권의 신청

사회보장급여를 받으려는 사람은 관계 법령에서 정하는 바에 따라 국가나 지방자치단체에 신청하여야 한다. 다만, 관계 법령이 따로 정하는 경우에는 국가나 지방자치단체가 신청을 대신할수 있다. 사회보장급여를 신청하는 사람이 다른 기관에 신청한 경우, 그 기관은 지체 없이 이를 정당한 권한이 있는 기관에 이송하여야 한다(법 제11조).

(4) 수급권의 보호, 제한 및 포기

① 보호

사회보장수급권은 관계 법령에서 정하는 바에 따라 다른 사람에게 양도하거나 담보로 제공할 수 없으며, 이를 압류할 수 없다(법 제12조). 사회보장급여는 인간의 생존과 직접적으로 관련되어 있으며 최후의 안전망이기 때문에 이렇게 법으로 보호 장치를 두고 있다.

② 제한

사회보장수급권은 제한되거나 정지될 수 없다. 다만, 관계 법령에서 따로 정하고 있는 경우에는 그러하지 아니하다. 이러한 예로 일부러 사고를 일으킨다든가, 보험료를 내지 않는 경우와 같이 사회보장급여의 발생 사유가 불법이거나 부당한 경우를 들 수 있다. 사회보장수급권이 제한되거나 정지되는 경우에는 제한 또는 정지하는 목적에 필요한 최소한의 범위에 그쳐야 한다(법 제13조).

③ 포기

사회보장수급권은 정당한 권한이 있는 기관에 서면으로 통지하여 포기할 수 있다. 이때 구두로 표시한 것은 인정되지 않으며 반드시 '서면'으로 통지해야 한다. 포기한 사회보장수급권은 취소할 수 있다. 만약 사회보장수급권을 포기하는 것이 다른 사람에게 피해를 주거나 사회보장에 관한 관계 법령에 위반되는 경우에는 사회보장수급권을 포기할 수 없다(법 제14조).

물음 7-3

사회보장수급권은 정당한 권한이 있는 기관에 _____으로 통지하여 포기할 수 있다.

(5) 구상권

제3자의 불법행위로 피해를 입은 국민이 그로 인하여 사회보장수급권을 가지게 된 경우, 사회보장제도를 운영하는 자는 그 불법행위의 책임이 있는 자에 대하여 관계 법령에서 정하는 바에 따라 구상권을 행사할 수 있다(법 제15조). 이것은 사회보장급여가 불법행위를 보호하지 않는다는 뜻이다. 그리고 불법책임자의 책임 불이행으로 인한 수급자의 피해를 막기 위함인데 이러한 경우에도 일단 국가의 책임을 확보하는 방식을 취함으로써 국민의 수급권을 적극 보호한다(남기민, 홍성로, 2011: 136).

7) 사회보장위원회

사회보장에 관한 주요 시책을 심의 · 조정하기 위하여 국무총리
소속으로 사회보장위원회(위원회)를 둔다(법 제20조). 사회보장위
원회는 다음과 같은 사항을 심의 · 조정한다(법 제20조 제2항). 즉,
사회보장 증진을 위한 기본계획, 사회보장 관련 주요 계획, 사회
보장제도의 평가 및 개선, 사회보장제도의 신설 또는 변경에 따른
우선순위, 둘 이상의 중앙행정기관이 관련된 주요 사회보장정책,
사회보장급여 및 비용 부담, 국가와 지방자치단체의 역할 및 비용
분담, 사회보장의 재정추계 및 재원조달 방안, 사회보장 전달체계
운영 및 개선, 제32조 제1항에 따른 사회보장통계, 사회보장정보
의 보호 및 관리, 그 밖에 위원장이 심의에 부치는 사항이 있다.

8) 사회보장 기본계획의 수립

보건복지부장관은 관계 중앙행정기관의 장과 협의하여 사회보
장 증진을 위하여 사회보장에 관한 기본계획을 5년마다 수립하여
야 한다(법 제16조). 기본계획은 사회보장위원회가 국무회의의 심
의를 거쳐 확정한다. 기본계획에는 국내외 사회보장환경의 변화
와 전망, 사회보장에 관한 기본목표 및 중장기 추진방안, 주요 추
진과제 및 추진방법, 필요한 재원의 규모와 조달방안, 사회보장
관련 기금 운용방안, 사회보장 전달체계, 그 밖에 사회보장정책의

추진에 필요한 사항이 포함되어야 한다. 기본계획은 다른 법령에 따라 수립되는 사회보장에 관한 계획에 우선하며 그 계획의 기본이 된다(법 제17조).

9) 사회보장정책의 기본 방향

(1) 평생사회안전망 구축과 운영

국가와 지방자치단체는 모든 국민이 생애 동안 삶의 질을 유지·증진할 수 있도록 평생사회안전망을 구축하여야 한다. 그리고 국가와 지방자치단체는 평생사회안전망을 구축·운영함에 있어 사회적 취약계층을 위한 공공부조를 마련하여 최저생활을 보장하여야 한다(법 제22조).

(2) 사회서비스 보장과 소득보장

국가와 지방자치단체는 모든 국민의 인간다운 생활과 자립, 사회참여, 자아실현 등을 지원하여 삶의 질이 향상될 수 있도록 사회서비스에 관한 시책을 마련하여야 한다. 국가와 지방자치단체는 사회서비스 보장과 제24조에 따른 소득보장이 효과적이고 균형적으로 연계되도록 하여야 한다(법 제23조). 국가와 지방자치단체는 다양한 사회적 위험하에서도 모든 국민이 인간다운 생활을 할 수 있도록 소득을 보장하는 제도를 마련하여야 한다. 이때 국가와 지방자치단체는 공공부문과 민간부문의 소득보장제도가 효과적으로 연계되도록 하여야 한다(법 제24조).

이렇게 사회서비스 보장과 소득보장의 연계를 강조하고 있으나 두 보장 간의 관계(대체 또는 보완) 설정에 대해서는 언급이 없어 불분명하다.

10) 사회보장제도의 운영

(1) 운영원칙

법은 사회보장제도를 운영하는 과정에 요청되는 운영원칙을 다섯 가지로 제시하고 있다(법 제25조). 이러한 원칙들은 선언적인 것이기 때문에 개별 법률 속에서 구체적으로 나타나야 한다.

① 국가와 지방자치단체가 사회보장제도를 운영할 때에는 이 제도를 필요로 하는 모든 국민에게 적용하여야 한다.

② 국가와 지방자치단체는 사회보장제도의 급여 수준과 비용 부담 등에서 형평성을 유지하여야 한다.

③ 국가와 지방자치단체는 사회보장제도의 정책 결정 및 시행 과정에 공익의 대표자 및 이해관계인 등을 참여시켜 이를 민주적으로 결정하고 시행하여야 한다.

④ 국가와 지방자치단체가 사회보장제도를 운영할 때에는 국민의 다양한 복지 욕구를 효율적으로 충족시키기 위하여 연계성과 전문성을 높여야 한다.

⑤ 사회보험은 국가의 책임으로 시행하고, 공공부조와 사회서비스는 국가와 지방자치단체의 책임으로 시행하는 것을 원칙으로 한다. 다만, 국가와 지방자치단체의 재정 형편 등을 고려하여 이를 협의·조정할 수 있다.

(2) 협의 및 조정

국가와 지방자치단체의 협의와 조정에 관한 내용은 다음과 같이 제시되었다(법 제26조).

① 국가와 지방자치단체는 사회보장제도를 신설하거나 변경할 경우 기존 제도와의 관계, 사회보장 전달체계에 미치는 영향, 재원의 규모·조달방안을 포함한 재정에 미치는 영향 및 지역별 특성 등을 사전에 충분히 검토하고 상호협력하여 사회보장급여가 중복 또는 누락되지 아니하도록 하여야 한다.

② 중앙행정기관의 장과 지방자치단체의 장은 사회보장제도를 신설하거나 변경할 경우 신설 또는 변경의 타당성, 기존 제도와의 관계, 사회보장 전달체계에 미치는 영향, 지역복지 활성화에 미치는 영향 및 운영방안 등에 대하여 대통령령으로 정하는 바에 따라 보건복지부장관과 협의하여야 한다. 이 부분은 중앙정부에 의한 지방자치단체 정책에 대한 간섭이 될 수 있다. 그래서 보건복지부장관을 포함한 중앙행정기관의 장과 지방자치단체의 장이 사회보장제도의 신설 또는 변경에 관한 협의 업무를 수행하기 위하여 다음 3항을 추가하여 협의 업무가 효율적이고 전문적으로 이루어지도록 하였다.

③ 중앙행정기관의 장과 지방자치단체의 장은 제2항에 따른 업무를 효율적으로 수행하기 위하여 필요하다고 인정하는 경우에는 관련 자료의 수집·조사 및 분석에 관한 업무를 정부출연연구기관, 한국사회보장정보원에 위탁할 수 있다.

④ 제2항에 따른 협의가 이루어지지 아니할 경우 위원회가 이를

조정한다.

⑤ 보건복지부장관은 사회보장급여 관련 업무에 공통적으로 적용되는 기준을 마련할 수 있다.

(3) 사회보장 전달체계

국가와 지방자치단체는 모든 국민이 쉽게 이용할 수 있고 사회보장급여가 적시에 제공되도록 지역적·기능적으로 균형 잡힌 사회보장 전달체계를 구축하여야 한다. 국가와 지방자치단체는 사회보장 전달체계의 효율적 운영에 필요한 조직, 인력, 예산 등을 갖추어야 한다. 국가와 지방자치단체는 공공부문과 민간부문의 사회보장 전달체계가 효율적으로 연계되도록 노력하여야 한다(법 제29조).

11) 부수적 의무

국가와 지방자치단체는 사회보장제도에 관하여 정보 공개의 의무(법 제33조), 설명의 의무(법 제34조), 상담의 의무(법 제35조), 통지의 의무(법 제36조)를 가지고 있다.

12) 재정(비용)

사회보장의 비용 부담(법 제28조)은 각각의 사회보장제도의 목적에 따라 국가, 지방자치단체 및 민간부문 간에 합리적으로 조정되어야 한다고 하고 있지만 각각의 제도에서 약간씩 다르다.

사회보험에 드는 비용은 사용자, 피용자 및 자영업자가 부담하는 것을 원칙으로 하되, 관계 법령이 정하는 바에 따라 국가가 그 비용의 일부를 부담할 수 있다. 한편, 공공부조 및 사회서비스(관계 법령에서 정하는 일정 소득 수준 이하의 국민에 대한 사회서비스)에 드는 비용의 전부 또는 일부는 국가와 지방자치단체가 부담한다. 그리고 부담능력이 있는 국민에 대한 사회서비스에 드는 비용은 그 수익자가 부담함을 원칙으로 하되, 관계 법령에서 정하는 바에 따라 국가와 지방자치단체가 그 비용의 일부를 부담할 수 있다.

물음 7-4

부담할 능력이 있는 국민에 대한 사회서비스에 드는 비용은 그 _____ 가 부담함을 원칙으로 한다.

13) 권리구제

위법 또는 부당한 처분을 받거나 필요한 처분을 받지 못함으로써 권리 또는 이익을 침해받은 국민은 「행정심판법」에 따른 행정심판을 청구하거나 「행정소송법」에 따른 행정소송을 제기하여 그 처분의 취소 또는 변경 등을 청구할 수 있다(법 제39조).

2. 사회보장급여의 이용·제공 및 수급권자 발굴에 관한 법률(사회보장급여법)

사회보장급여의 신청, 조사, 결정 · 지급, 사후관리에 이르는 복지대상자 선정과 지원에 필요한 일련의 절차 및 방법 등에 관한 사항을 구체적으로 규정하고, 소외계층을 발굴하기 위한 신고의무, 보호대상자에게 필요한 급여의 직권신청, 보호계획 수립·지원, 상담·안내·의뢰 등 수급권자 보호를 강화하며 복지사각지대를 해소하기 위한 방안을 제도적으로 보완하기 위해 이 법률이 2014년 12월 30일에 만들어져 2015년 7월 1일부터 시행되었다.

1) 목적 및 기본 개념

「사회보장기본법」에 따른 사회보장급여의 이용 및 제공에 관한 기준과 절차 등 기본적 사항을 규정하고 지원을 받지 못하는 지원대상자를 발굴하여 지원함으로써 사회보장급여를 필요로 하는 사람의 인간다운 생활을 할 권리를 최대한 보장하고, 사회보장급여가 공정하고 효과적으로 제공되도록 하며, 사회보장제도가 지역사회에서 통합적으로 시행될 수 있도록 그 기반을 구축하는 것을 목적으로 한다(법 제1조).

이 법에서 정의하고 있는 사회보장급여와 관련된 개념들은 다음과 같다(법 제2조). 먼저, "사회보장급여"란 보장기관(관계법령 등에 따라 사회보장급여를 제공하는 국가기관과 지방자치단체: 제5호)이 「사회보장기본법」 제3조 제1호[2]에 따라 제공하는 현금, 현물,

---

2) "사회보장"이란 출산, 양육, 실업, 노령, 장애, 질병, 빈곤 및 사망 등의 사회적 위험으로부터 모든 국민을 보호하고 국민 삶의 질을 향상시키는 데 필요한 소득·서비스를 보장하는 사회보험, 공공부조, 사회서비스를 말한다.

서비스 및 그 이용권을 말한다. "수급권자"란「사회보장기본법」제9조에 따른 사회보장급여를 제공받을 권리를 가진 사람을 말한다. "수급자"란 사회보장급여를 받고 있는 사람을 말한다. "지원대상자"란 사회보장급여를 필요로 하는 사람을 말한다.

2) 사회보장급여의 절차

(1) 이용

사회보장급여의 신청(법 제5조)이 있으면, 보장기관의 장은 지원대상자와 그 부양의무자(배우자와 1촌의 직계혈족 및 그 배우자를 말한다)에 대하여 사회보장급여의 수급자격 확인을 위해 인적사항 및 가족관계 확인에 관한 사항, 소득·재산·근로능력 및 취업상태에 관한 사항, 사회보장급여 수급이력에 관한 사항, 그 밖에 수급권자를 선정하기 위하여 보장기관의 장이 필요하다고 인정하는 자료 또는 정보를 제공받아 조사하고 처리할 수 있다(법 제7조).

이후 보장기관의 장이 조사를 실시한 경우에는 사회보장급여의 제공 여부 및 제공 유형을 결정하되, 제공하고자 하는 사회보장급여는 지원대상자가 현재 제공받고 있는 사회보장급여와 보장내용이 중복되어서는 안 된다. 보장기관의 장은 결정된 사회보장급여의 제공 여부와 그 유형 및 변경사항 신고의무 등을 서면(신청인의 동의에 의한 전자문서를 포함한다)으로 신청인에게 통지하여야 하며, 필요한 경우 구두 등의 방법을 병행할 수 있다(법 제9조).

(2) 지원대상자 발굴

보장기관의 장은 누락된 지원대상자가 적절한 사회보장급여를 제공받을 수 있도록 지원이 필요한 위기가구를 발굴하기 위하여 노력하여야 한다(법 제9조의2). 위기가구는 보장기관의 장이 위기 상황에 처하여 있다고 판단한 사람의 가구, 자살자가 발생한 가구 또는 자살시도자가 발생한 가구로서 대통령령으로 정하는 기준에 해당하는 가구이다. 보건복지부장관은 보장기관의 업무를 지원하기 위하여 사회보장정보시스템을 통하여 단전 가구, 보험료 체납 가구정보 등을 처리할 수 있다(법 제12조).

복지사각지대 발굴

3) 사회보장급여의 관리

사회보장급여 제공 이후의 체계적인 사후관리를 위하여 급여의 적정성 확인조사, 급여의 변경·중지 및 환수 등 필요한 일련의 절차를 규정하고 있다(법 제19조~법 제22조). 특히 보건복지부장관은 부정수급에 대한 실태조사를 3년마다 실시하고 그 결과를 공개해야 한다. 그리고 주기적으로 또는 기간을 정하여 사회보장급여를 제공받는 수급자는 거주지, 세대원, 소득·재산 상태, 근로능력, 다른 급여의 수급이력 등이 변동되었을 때에는 지체 없이 관할 보장기관의 장에게 신고하여야 한다.

보건복지부장관과 보장기관의 장은 보장급여 신청권자의 신청을 받아 주기적으로 사회보장급여의 수급 가능성을 확인하여 그 결과를 안내(맞춤형 급여 안내)할 수 있다(법 제22조의2).

4) 사회보장정보

보건복지부장관은 사회보장 업무의 효율적 수행을 위해 사회보장정보시스템을 통해 처리되는 정보의 범위(법 제23조), 정보의 표준화(법 제27조), 시스템 이용 절차(법 제24조)를 마련하고 운영 전담기구로 사회보장정보원을 두도록 하고 있다(법 제29조).

5) 지역사회보장계획 및 운영체계

(1) 지역사회보장계획

국민에게 다양한 사회보장급여를 제공하기 위하여 시·도지사, 시장·군수·구청장은 「사회보장기본법」 제16조에 따른 사회보장에 관한 기본계획과 연계된 지역사회보장계획(4년) 및 연차별 시행계획을 수립·시행한다. 시장·군수·구청장은 지역사회보장협의체의 심의와 해당 시·군·구 의회에 대한 보고를 거쳐 확정된 시·군·구 지역사회보장계획을 시행연도의 전년도 9월 30일까지, 그 연차별 시행계획을 시행연도의 전년도 11월 30일까지 각각 시·도지사에게 제출하여야 한다. 시·도지사는 시·도 사회보장위원회의 심의와 해당 시·도 의회의 보고를 거쳐 확정된 시·도 지역사회보장계획을 시행연도의 전년도 11월 30일까지, 그 연차별 시행계획을 시행연도의 1월 31일까지 각각 보건복지부장관에게 제출하여야 한다. 이 경우 보건복지부장관은 제출된 계획을 사회보장위원회에 보고하여야 한다. 보장기관의 장은 지역사회보장계획의 수립 및 지원 등을 위하여 지역사회보장조사(지역 내 사회보장 관련 실태와 지역주민의 사회보장에 관한 인식 등에 관하여 필요한 조사)를 실시할 수 있다(법 제35조).

지역사회보장계획은 다음의 내용을 포함하여야 한다(법 제36조). 시·군·구 지역사회보장계획은 지역사회보장 수요의 측정, 목표 및 추진전략, 지역사회보장의 목표를 점검할 수 있는 지표(지역사회보장지표)의 설정 및 목표, 지역사회보장의 분야별 추진전략, 중점 추진사업 및 연계협력 방안, 지역사회보장 전달체계의 조직과 운영, 사회보장급여의 사각지대 발굴 및 지원 방안, 지역사회보장에 필요한 재원의 규모와 조달 방안, 지역사회보장에 관련한 통계 수집 및 관리 방안, 지역 내 부정수급 발생 현황 및 방지대책, 그 밖에 대통령령으로 정하는 사항을 포함하여야 한다. 그리고 시·도 지역사회보장계획은 시·군·구의 사회보장이 균형적이고 효과적으로 추진될 수 있도록 지원하기 위한 목표 및 전략, 지역사회보장지표의 설정 및 목표, 시·군·구에서 사회보장급여가 효과적으로 이용 및 제공될 수 있는 기반 구축 방안, 시·군·구 사회보장급여 담당 인력의 양성 및 전문성 제고 방안, 지역사회보장에 관한 통계자료의 수집 및 관리 방안, 시·군·구의 부정수급 방지대책을 지원하기 위한 방안, 그 밖에 지역사회보장 추진에 필요한 사항이다.

보건복지부장관은 시·도 지역사회보장계획의 시행결과를, 시·도지사는 시·군·구 지역사회보장계획의 시행결과를 각각 보건복지부령으로 정하는 바에 따라 평가할 수 있다(법 제39조).

물음 7-5

시·도지사, 시장·군수·구청장은 지역사회보장계획을 ＿＿＿년마다 수립·시행해야 한다.

(2) 시·도 사회보장위원회와 지역사회보장협의체

지역의 사회보장 증진 및 관련 기관·단체와 연계를 강화하고 사회보장 업무를 효율적으로 수행하기 위하여 시·도 사회보장위원회와 시·군·구 지역사회보장협의체를 두는 한편, 읍·면·동의 사회보장 관련 업무의 원활한 수행을 위하여 해당 읍·면·동 단위 지역사회보장협의체를 둔다. 그리고 시·군·구에 사회보장 사무 전담기구를 설치할 수 있도록 하여 지역사회보장의 원활한 운영체계를 마련하였다(법 제40조부터 제42조까지).

(3) 통합 사례관리

보건복지부장관, 시·도지사 및 시장·군수·구청장은 지원대상자의 사회보장 수준을 높이기 위하여 지원대상자의 다양하고 복합적인 특성에 따른 상담과 지도, 사회보장에 대한 욕구조사, 서비스 제공 계획의 수립을 실시하고, 그 계획에 따라 지원대상자에게 보건·복지·고용·교육 등에 대한 사회보장급여 및 민간법인·단체·시설 등이 제공하는 서비스를 종합적으로 연계·제공하는 통합사례관리를 실시할 수 있다. 이에 따른 통합사례관리를 실시하기 위하여 필요한 경우에는 시·군·구에 통합사례관리사를 둘 수 있다(법 제42조의2).

(4) 사회복지전담공무원

사회복지사업에 관한 업무를 담당하게 하기 위하여 시·도, 시·군·구, 읍·면·동 또는 사회보장사무 전담기구에 사회복지전담공무원을 둘 수 있다. 사회복지전담공무원은 「사회복지사업법」 제11조에 따른 사회복지사의 자격을 가진 사람으로 하며, 그 임용 등에 필요한 사항은 대통령령으로 정한다. 사회복지전담 공무원은 사회보장급여에 관한 업무 중 취약계층에 대한 상담과 지도, 생활실태의 조사 등 보건복지부령으로 정하는 사회복지에 관한 전문적 업무를 담당한다(법 제43조).

6) 지역사회보장 지원 및 균형발전

중앙행정기관의 장 및 시·도지사는 지역 간 사회보장 수준 차이를 최소화하기 위하여 예산 배분 등에 있어 필요한 조치를 하도록 하고, 특정 분야의 복지서비스가 취약한 지역을 사회보장 특별 지원구역으로 선정·지원할 수 있도록 하여 지역 간 사회보장 균형발전을 위한 방안을 마련하였다(법 제45조부터 제48조까지). 그리고 보건복지부장관은 시·도 및 시·군·구의 사회보장 추진 현황 분석, 지역사회보장계획의 평가, 지역 간 사회보장의 균형발전 지원 등의 업무를 효과적으로 수행하기 위하여 지역사회보장 균형발전지원센터를 설치·운영할 수 있다(법 제46조).

핵심 정리

「사회보장기본법」은 「헌법」 제34조 제1항 인간다운 생활을 할 권리를 구체화하면서 개별 법률들을 지도하기 위한 기본법이다. 사회보장정책의 기본 방향은 평생사회안전망 구축, 사회서비스 보장, 소득보장이다. 사회보장제도의 운영원칙은 적용범위의 보편성, 급여수준 및 비용부담의 형평성, 운영의 민주성, 연계성·전문성의 강화, 국가 및 지방자치단체의 책임의 원칙이다.

「사회보장급여의 이용·제공 및 수급권자 발굴에 관한 법률」은 사회보장급여의 신청, 조사, 결정·지급, 사후관리에 이르는 복지대상자 선정과 지원에 필요한 일련의 절차 및 방법 등에 대한 사항을 구체적으로 규정하고, 소외계층을 발굴하기 위한 신고의무, 보호대상자에게 필요한 급여의 직권신청, 보호계획의 수립·지원, 상담·안내·의뢰 등 수급권자 보호를 강화하며 복지사각지대를 해소하기 위한 목적을 가진다.

물음에 대한 답

7-1. 사회복지법 체계에서 헌법 다음으로 중요한 위치를 차지하고 있는 법률은 사회보장기본법이다.

7-2. 공공부조란 국가 및 지방자치단체의 책임하에 생활유지능력이 없거나 생활이 어려운 국민의 최저생활을 보장하고 자립을 지원하는 제도를 말한다.

7-3. 사회보장수급권은 정당한 권한이 있는 기관에 서면으로 통지하여 포기할 수 있다.

7-4. 부담할 능력이 있는 국민에 대한 사회서비스에 드는 비용은 그 수익자가 부담함을 원칙으로 한다.

7-5. 시·도지사, 시장·군수·구청장은 지역사회보장계획을 4년마다 수립·시행해야 한다.

8장

사회보험법:
산업재해보상보험법과 고용보험법

1. 산업재해보상보험법

2. 고용보험법

1. 산업재해보상보험법

　우리나라의 산업재해보상보험제도[1]는 정부수립 이전인 1915년에 「조선광업령」을 통하여 광업자에게 업무상의 재해에 대한 부조의무를 제도화한 것에서 시작된다. 1953년 5월에는 산업화에 따른 근로자 보호 제도화를 위한 「근로기준법」이 제정·공포되어 산업재해의 개별사용주 책임제도가 확립되었다. 사회보험으로서는 1963년 11월에 「산업재해보상보험법」이 제정·공포되었고 1964년 1월에 시행되었다.

---

1) 보상이란 적법한 공권력에 의해 가해진 특별한 희생을 사유재산의 보장과 공평부담의 관점에서 조정하기 위해 금전 또는 기타의 재화를 주는 것을 말하며, 배상이란 위법한 행위에 의해 타인에게 끼친 손해에 대해 손해가 없었던 것과 동일한 상태로 복귀시키는 일을 말한다.

1) 목적

이 법은 산업재해보상보험 사업을 시행하여 근로자의 업무상 재해를 신속하고 공정하게 보상하며, 재해근로자의 재활 및 사회 복귀를 촉진하기 위하여 이에 필요한 보험시설을 설치·운영하고, 재해 예방과 그 밖에 근로자의 복지 증진을 위한 사업을 시행하여 근로자 보호에 이바지하는 것을 목적으로 한다(법 제1조).

이 법은 근로자(노동자)에게는 산업재해를 신속하게 보상하고 근로자와 가족의 생활안정과 복지를 위한 도움을 준다. 동시에 사업주가 감당해야 할 산업재해로 인한 보상을 사회보험 방식으로 해결함으로써 어려움을 덜어 주고 있다. 이렇게 사업주로 하여금 안정적인 기업 운영을 할 수 있도록 도와주기 때문에「산업재해보상보험법」은 산업화에 있어 필수적인 요소이며, 다른 사회보험에 비해 저항이 없이 빠르게 제정되었다.

2) 대상

(1) 적용 범위

제6조에 의하면, 산재보험의 적용 범위는 다른 사회보험과 달리 사람이 아니라 근로자를 사용하는 모든 사업이며 적용 단위는 사업 또는 사업장이다. 다만, 위험률, 규모 및 장소 등을 고려하여 대통령령으로 정하는 사업에 대해서는 그 적용이 제외된다. 예를 들면,「공무원재해보상법」또는「군인연금법」에 따라 재해보상이 되는 사업 및「선원법」,「어선원 및 어선 재해보상보험법」,「사립학

교교직원 연금법」에 따라 재해보상이 되는 사업이다(시행령 제2조). 그러나 이 법에 적용하지 않는 사업의 사업주도 근로복지공단의 승인을 받으면 가입할 수 있고 이들을 임의가입자라고 한다.

한편, 이 법에 의한 근로자는 아니지만 특례로 가입을 인정해 주는 다음의 경우들이 있다. 예를 들면, 이 법이 적용되는 사업에서 현장실습을 하고 있는 학생 및 직업 훈련생, 50명 미만의 근로자를 사용하는 사업주, 특수형태 근로자(보험설계사, 골프장 캐디, 학습지 교사, 건설기계 조종사, 택배 기사, 전속 퀵서비스 기사, 대출 모집인, 신용카드 회원 모집인, 전속 대리운전자 등)이다(법 제123~125조).

다른 사회보험과는 다른 특징으로 산재보험은 가입자와 수급자가 다르다. 즉, 사업주가 보험가입자가 되어 보험료를 전액부담하고 사업장 중심으로 관리가 이루어지지만, 보험급여의 수급자는 업무상의 사유에 의한 부상 · 질병 · 신체장해 또는 사망 등 업무상 재해를 당한 근로자이다.

물음 8-1

산재보험의 보험가입자는 _____이고 보험급여의 수급자는 업무상 재해를 당한 근로자이다.

(2) 보험사고: 업무상의 재해

산재보험의 대상이 되는 보험사고는 근로자의 '업무상의 재해'이다. 그리고 이 업무상의 재해는 업무상의 사유에 따른 근로자의 부상, 질병, 장해 또는 사망을 말한다(법 제5조 제1호). '업무상 사고', '업무상 질병', '출퇴근 재해'의 사유 중 하나로 부상 · 질병 또는 장해가 발생하거나 사망하면 업무상의 재해로 본다(법 제37조).

➡ 업무상 스트레스
산재 신청

산재보험에 대한
오해

　업무상 재해의 판단 요건은 크게 업무 기인성과 업무 수행성으로 나누어지며 이 두 가지 요소를 모두 충족하는 경우에만 업무상 재해로 인정된다. '업무 기인성'이란 재해가 업무에 기인한 것, 즉 업무 수행과 재해발생 사이에 상당한 인과관계가 있는 것을 말한다(대법원 판례 1991. 11. 8. 91누3307). '업무 수행성'이란 사용자의 지배 또는 관리하에 이루어지는 당해 근로자의 업무 수행 및 그에 수반되는 통상적인 활동과정에서 재해의 원인이 발생하는 것을 의미한다(대법원 판례 1992. 5. 12. 91누10466). 업무상 재해의 구체적인 인정기준은 대통령령으로 정한다(법 제37조 제3항).

물음 8-2

산재보험의 대상이 되는 보험사고는 근로자의 업무상의 ＿＿＿＿＿＿＿이다.

3) 급여

산재 직업훈련

　이 법에 따른 급여는 요양급여, 휴업급여, 장해급여, 유족급여, 상병보상연금, 장의비, 간병급여, 직업재활급여의 여덟 종이 있다(법 제36조).

　이 중 요양급여는 근로자가 업무상의 사유로 부상을 당하거나 질병에 걸린 경우에 4일 이상(3일 이내는 안 됨) 요양 중인 근로자에게 지급하는 급여이다. 산재보험 의료기관에서 요양을 하게 하나, 부득이한 경우에 요양에 갈음하여 요양비를 지급할 수 있다. 요양급여의 범위는 진찰 및 검사, 약제 또는 진료재료와 의지(義肢), 그 밖의 보조기의 지급, 처치, 수술, 그 밖의 치료, 재활치료,

입원, 간호 및 간병, 이송, 그 밖에 고용노동부령으로 정하는 사항 등이다(법 제40조).

산재보험의 급여는 요양급여와 같은 현물급여를 제외하고는 현금급여를 제공하는 경우가 많다. 현금급여는 동법에 따라 피해근로자의 임금, 통상임금 및 평균임금 등이 급여 산정을 위해 사용된다(법 제5조 제2호).

수급권자가 이 법에 따라 보험급여를 받았거나 받을 수 있으면 보험가입자는 동일한 사유에 대하여 「근로기준법」에 따른 재해보상책임이 면제된다(법 제80조 제1항). 근로자가 재해를 입었을 경우 사업주가 보상을 해야 하는 것이 의무이다. 그러나 사업주가 보상을 미루며 재판으로 이어진다면 시간도 오래 걸리고 근로자가 사업주의 책임을 입증해야 하는 문제가 발생한다. 따라서 사회보험인 「산업재해보상보험법」으로 재해보상을 처리하게 되면 신속하게 근로자에게 보상을 할 수 있다는 장점이 있다. 또한 이것은 「근로기준법」상 동일한 산업재해에 대해서 사용자의 이중책임을 면제하면서 동시에 근로자도 이중적으로 이득을 볼 수 없도록 한 장치라고 볼 수 있다(박차상 외, 2015).

4) 전달체계: 근로복지공단

산업재해보상보험 사업은 고용노동부장관이 관장하며(법 제2조 제1항), 고용노동부장관의 위탁을 받아 이 법의 목적을 달성하기 위한 사업을 효율적으로 수행하기 위하여 근로복지공단을 설립한다(법 제10조). 근로복지공단은 고용보험 업무도 담당하고 있다.

근로복지공단

5) 재정(비용)

이 법에 따른 보험사업에 드는 비용을 충당하기 위하여 징수하는 보험료나 그 밖의 징수금에 관하여는 「고용산재보험료징수법」에서 정하는 바에 따른다(법 제4조). 사업주가 부담하여야 하는 산재보험료는 그 사업주가 경영하는 사업의 임금총액에 같은 종류의 사업에 적용되는 산재보험료율을 곱한 금액으로 한다(「고용산재보험료징수법」 제13조 제5항). 이때 산재보험료율은 매년 6월 30일 현재 과거 3년 동안의 보수총액에 대한 산재보험급여총액의 비율[2]을 기초로 하여, 「산업재해보상보험법」에 따른 연금 등 산재보험급여에 드는 금액, 재해예방 및 재해근로자의 복지 증진에 드는 비용 등을 고려하여 사업의 종류별로 구분하여 고용노동부령으로 정한다(「고용산재보험료징수법」 제14조 제3항). 그런데 업종별 보험료율의 차이가 크고 너무 세분화되어 있어 형평성에 대한 문제가 제기되고 있다. 향후 보험료율의 합리적 개선이 필요하다.

고용노동부장관은 보험사업, 산업재해 예방 사업에 필요한 재원을 확보하고, 보험급여에 충당하기 위하여 '산업재해보상보험 및 예방기금'을 설치한다(법 제95조).

---

2) 산재 발생률을 낮추기 위해 도입되었으나, 산재 발생 시 보험료 상승(자동차 사고 시 자동차 보험료가 상승하는 것과 비슷하다고 이해하면 됨)으로 인한 부담 때문에 오히려 산재 발생을 은폐시키는 문제가 나타나고 있다.

산재보험료율은 매년 6월 30일 현재 과거 3년 동안의 보수총액에 대한 _____
의 비율을 기초로 한다.

2. 고용보험법

고용안정을 위해 고용보험제도를 도입하자는 주장은 학계와 노동계에서 오래전부터 제기되었으나 여러 가지 경제적인 이유로 인해 미루어져 왔다. 그러다가 1993년 7월 「고용보험법」 제정안이 노동부에 의해 입법 예고되고, 12월 국회에서 통과되어 1995년 7월 1일부터 시행되어 실업급여는 30인 이상 사업장에 적용되었다. 이로써 우리나라는 4대 사회보험의 틀을 갖추게 되었다.

1) 목적

「고용보험법」은 고용보험의 시행을 통하여 실업의 예방, 고용의 촉진 및 근로자 등의 직업능력의 개발과 향상을 꾀하고, 국가의 직업지도와 직업소개 기능을 강화하며, 근로자 등이 실업한 경우에 생활에 필요한 급여를 실시하여 근로자 등의 생활안정과 구직활동을 촉진함으로써 경제·사회 발전에 이바지하는 것을 목적으로 한다(법 제1조). 목적에도 나타나듯이 「고용보험법」은 단순히 근로자의 실업 후 급여 지급만이 아니라 실업의 예방과 고용의 촉진에도 노력을 기울이는 적극적인 노동시장 정책의 핵심수단으로 기능하고 있다.

2) 대상

「고용보험법」은 근로자를 사용하는 모든 사업 또는 사업장에 적용한다. 다만, 산업별 특성 및 규모 등을 고려하여 대통령령으로 정하는 사업에 대하여는 적용하지 아니한다(법 제8조). 적용 제외 근로자는 「국가공무원법」과 「지방공무원법」에 따른 공무원[다만, 대통령령으로 정하는 바에 따라 별정직 공무원, 임기제공무원의 경우는 본인의 의사에 따라 고용보험(제4장에 한한다)에 가입할 수 있다], 「사립학교교직원 연금법」의 적용을 받는 자, 그 밖에 대통령령으로 정하는 자이다. 한편, 65세 이후에 고용(65세 전부터 자격을 유지하던 사람이 65세 이후 계속 고용되는 경우 제외)되거나 자영업을 개시한 사람에게는 4장(실업급여) 및 5장(육아휴직 급여등)을 적용하지 아니한다.

3) 급여

고용보험은 제1조의 목적을 이루기 위하여 고용안정·직업능력개발 사업, 실업급여, 육아휴직 급여 및 출산전후휴가 급여 등을 실시한다(법 제4조).

(1) 고용안정·직업능력개발 사업

고용노동부장관은 피보험자 및 피보험자였던 자, 그리고 취업할 의사를 가진 자에 대한 실업의 예방, 취업의 촉진, 고용기회의 확대, 직업능력 개발·향상의 기회 제공 및 지원, 그 밖에 고용안

일자리 안정자금

정과 사업주에 대한 인력 확보를 지원하기 위하여 고용안정·직업능력개발 사업을 실시한다. 또한 이 사업을 실시할 때에는 근로자의 수, 고용안정·직업능력개발을 위하여 취한 조치 및 실적 등 대통령령으로 정하는 기준에 해당하는 기업(우선지원 대상기업)을 우선적으로 고려하여야 한다(법 제19조). 고용안정·직업능력개발 사업은 실업을 예방하기 위한 적극적 노동시장정책의 수단이며, 근로자뿐만 아니라 사업주에게도 지원이 이루어진다.

(2) 실업급여

실업이란 '근로의 의사와 능력이 있음에도 불구하고 취업하지 못한 상태에 있는 것'으로 정의되고 있다(법 제2조 제3호). 실업급여는 고용보험 3대 사업의 하나로 근로자가 실직한 경우 일정 기간 동안 급여를 지급하여 실직자 및 그 가족의 생활안정을 도모하고 자신의 능력과 적성에 맞는 새로운 직장에 재취업할 수 있도록 지원하는 제도이다(고용노동부, 2010).

실업급여는 구직급여와 취업촉진 수당으로 구분하는데, 취업촉진 수당은 다시 조기재취업 수당, 직업능력개발 수당, 광역 구직활동비, 이주비로 나뉜다(법 제37조).

① 구직급여

구직급여는 이직한 근로자인 피보험자의 실업기간 중 생활안정을 위해 현금으로 지급된다. 이직한 피보험자가 다음의 요건을 모두 갖춘 경우에 지급한다(법 제40조 제1항). 첫째, 180일 이상 보험에 가입되어 있어야 하는데, 이것은 일정한 양의 보험료 납부기록을 소재해야만 신청자격을 획득할 수 있다는 것을 보여 준다. 둘째, 근로의 의사와 능력이 있고(비자발적 이직), 재취업을 위한 노력을 적극적으로 하고 있음(재취업노력이 없는 경우에는 미지급)에도 불구하고 취업하지 못한 상태여야 한다. 그리고 이직 사유가 제58조에 따른 수급자격의 제한 사유(자발적 이직, 자신의 귀책사유)에 해당하지 않아야 한다. 이에 따르면 자발적 실업은 수급자격을 박탈당하는 것인데, 정당한 사유 없이 자발적 실업자에 대한 엄격한 수급자격 박탈은 문제로 지적되고 있다.

구직급여 수급기간 및 구직급여액은 〈표 8-1〉과 같으며, 구직급여를 지급받을 수 있는 날은 대기기간(7일)이 끝난 다음날부터 계산하기 시작하는데, 보험가입기간과 연령에 따라 지급일 수가 다르다.

〈표 8-1〉 구직급여 소정급여일 수 표

구분		피보험기간				
		1년 미만	1년 이상 3년 미만	3년 이상 5년 미만	5년 이상 10년 미만	10년 이상
이직일 현재 연령	50세 미만	120일	150일	180일	210일	240일
	50세 이상	120일	180일	210일	240일	270일

비고: 「장애인고용촉진 및 직업재활법」 제2조 제1호에 따른 장애인은 50세 이상인 것으로 보아 이 표를 적용한다.

물음 8-4

근로자의 구직급여는 이직일 이전 18개월간 피보험 단위기간이 통산(通算)하여 ____ 일 이상이어야 한다.

그리고 실업에 따른 국민연금 사각지대를 해소하기 위해 국가가 보험료의 일부를 지원하는 실업크레딧과 관련된 내용은 다음과 같다(법 제55조의2). 이것은 구직급여를 받는 기간을 추가로 국민연금 납부기간으로 할 수 있는 제도이다. 그 조건은 18세 이상 60세 미만이며, 국민연금 가입자 또는 가입했었던 사람으로 재산과 소득이 보건복지부장관이 정하여 고시하는 기준 이하여야 한다. 국민연금을 추가로 가입할 수 있는 기간은 1년을 초과할 수 없으며, 고용노동부장관은 구직급여를 받는 기간을 국민연금 가입기간으로 추가 산입하려는 수급자격자에게 국민연금 보험료의 일부를 지원할 수 있다. 이에 따른 비용은 일반회계, 고용보험기금, 국민연금기금, 자부담이 각각 25%로 한다.

실업크레딧

② 취업촉진 수당

취업촉진 수당은 구직급여 수급자에게 조기재취업 수당, 직업능력개발 수당, 광역 구직활동비, 이주비 등의 인센티브를 제공함으로써, 수급자의 장기실업 방지 및 재취업을 촉진하려는 것이다(고용노동부, 2019).

③ 자영업자에 대한 실업급여의 적용

자영업자인 피보험자의 실업급여의 종류는 제37조(구직급여와 취업촉진 수당)에 따르되, 연장급여(법 제51조부터 제55조)와 조기재취업 수당(법 제64조)은 제외한다(법 제69조의2). 이 중 구직급여는 폐업한 자영업자인 피보험자가 다음의 요건을 모두 갖춘 경우에 지급한다. 즉, 폐업일 이전 24개월간 1년 이상 보험료 납부, 근로의 의사와 능력이 있음에도 불구하고 취업을 하지 못한 상태에 있을 것, 폐업 사유가 제69조의7에 따른 수급자격의 제한 사유(전 직 또는 자영업을 다시 하기 위해 폐업한 경우 등)에 해당하지 아니할 것, 재취업을 위한 노력을 적극적으로 할 것이다.

(3) 육아휴직 급여

고용노동부장관은 「남녀고용평등과 일·가정 양립 지원에 관 한 법률」 제19조에 따른 육아휴직을 지급할 수 있다. 즉, 사업주 는 근로자가 만 8세 이하 또는 초등학교 2학년 이하의 자녀를 양 육하기 위해 휴직하는 경우에 이를 허용해야 하는데 그 기간은 1년 이내로 한다. 이때 고용보험 가입기간은 180일 이상이어야 하고, 부모가 동시에 육아휴직은 불가능하지만 한 아동에 대하여 순차적으로는 가능하다(법 제70조). 육아휴직 급여의 25%는 육아 휴직 기간 중에 지급하지 않고 직장 복귀 6개월 후에 합산하여 일 시불로 지급한다(시행령 제95조).[3]

그리고 근로자는 육아휴직 대신 육아기 근로시간 단축을 신청할 수 있다. 이때는 육아휴직 급여의 일부를 지원하는데, 이것은 출산 및 양육부담이 가중되는 취업여성의 경력단절 현상을 방지하고 일 과 가정의 양립을 지원하기 위한 급여이다(법 제73조의2).

육아휴직 급여와 출산전후휴가 급여 신청

---

3) 육아휴직 급여의 특례(시행령 제95조의2)로 같은 자녀에 대하여 부모가 순차적으로 육아휴직을 하는 경우 두 번째 육아휴직을 한 피보험자의 최 초 3개월 육아휴직급여는 월 통상임금에 해당하는 금액으로 한다(상한액 250만 원).

물음 8-5

사업주는 만 8세 이하 또는 초등학교 2학년 이하의 자녀(입양자녀 포함)를 양육하기 위해 휴직을 신청하는 경우 이를 허용하여야 하는데 그 기간은 _____ 이내로 한다.

(4) 출산전후휴가 급여

출산전후휴가 급여는 출산한 여성근로자의 근로의무를 면제하고 임금상실 없이 휴식을 보장받도록 하는 제도로서, 임신 중의 여성에 대하여 출산 전과 출산 후를 통하여 90일(다태아의 경우 120일)의 출산전후휴가를 주되, 휴가기간의 배정은 출산 후에 45일(다태아일 경우 60일) 이상이 확보되도록 부여해야 한다(「근로기준법」 제74조). 지급대상은 보험가입기간이 180일 이상이어야 한다(법 제75조). 출산전후휴가 급여 등은 「근로기준법」의 통상임금(휴가를 시작한 날을 기준으로 산정한다)에 해당하는 금액을 지급한다. 우선지원 대상기업의 경우 90일(다태아 120일)의 급여가 고용보험에서 지급되고, 대규모 기업의 경우 최초 60일(다태아 75일)은 사업주가, 그 이후 30일(다태아 45일)은 고용보험에서 지급된다(법 제76조 제2항).

4) 전달체계 및 위원회

고용보험은 고용노동부장관이 관장하며(법 제3조), 실제적으로 업무를 담당하는 기관은 근로복지공단과 고용노동부의 지방관서이다. 이에 따라 사업장 관리, 고용보험 사무조합 업무는 근로복지공단 각 지사에서, 피보험자 신고, 실업급여 등의 각종 지원업무는 고용센터에서 담당하고 있다.

5) 재정(비용)

이 법에 따른 보험사업에 드는 비용을 충당하기 위하여 징수하는 보험료와 그 밖의 징수금에 대하여는「고용산재보험료징수법」으로 정하는 바에 따른다(법 제6조 제1항). 한편, 보험료 등의 고지 및 수납과 보험료 등의 체납관리는 고용노동부장관의 위탁을 받아 국민건강보험공단이 수행한다(「고용산재보험료징수법」제4조).

징수된 고용안정·직업능력개발 사업의 보험료 및 실업급여의 보험료는 각각 그 사업에 드는 비용에서 충당한다. 다만, 실업급여의 보험료는 실업크레딧에 따른 국민연금 보험료의 지원, 육아휴직 급여, 육아기 근로시간 단축 급여, 출산전후휴가 급여 등에 드는 비용에 충당할 수 있다(법 제6조 제2항). 자영업자인 피보험자로부터 징수된 고용안정·직업능력개발 사업의 보험료 및 실업급여의 보험료는 각각 자영업자인 피보험자를 위한 사업에 드는 비용에 충당한다. 다만, 실업급여 보험료는 자영업자 피보험자를 위한 실업크레딧에 따른 국민연금 보험료 지원에 드는 비용에 충당할 수 있다(법 제6조 제3항).

국가는 매년 보험 사업에 드는 비용의 일부를 일반회계에서 부담하여야 하며, 매년 예산의 범위에서 보험 사업의 관리·운영에 드는 비용을 부담할 수 있다(법 제5조).

고용노동부장관은 보험 사업에 필요한 재원에 충당하기 위하여 고용보험기금을 설치하며, 고용보험기금은 보험료와 이 법에 따른 징수금 · 적립금 · 기금운용 수익금과 그 밖의 수입으로 조성한다(법 제78조). 기금은 고용노동부장관이 관리 · 운용하며, 기금의 관리 · 운용에 관한 세부 사항은 「국가재정법」의 규정에 따른다(법 제79조).

핵심 정리

「산업재해보상보험법」은 산업현장에서 활동하는 근로자에게 발생할 수 있는 제반 재해에 대해 보험방식으로 근로자와 그 가족을 보호함은 물론 사업주의 위험부담을 경감시키고자 하는 법이다. 다른 사회보험과는 달리 보험가입자는 사업주이며, 보험급여 수급자는 업무상 재해를 당한 근로자이다.

「고용보험법」은 실업자에 대하여 생계를 지원하는 사후 구제적 차원의 단순한 실업보험이 아니라 사전적으로 실업의 예방, 재취업의 촉진, 잠재인력의 고용촉진, 직업능력 개발 및 인력수급 원활화 등을 목적으로 하는 적극적 인력정책의 핵심수단으로 도입되었다. 「고용보험법」의 고용보험사업(급여)은 고용안정 · 직업능력개발사업, 실업급여(구직급여와 취업촉진 수당), 육아휴직 급여, 출산전후휴가 급여가 있다.

물음에 대한 답

8-1. 산재보험의 보험가입자는 사업주이고 보험급여의 수급자는 업무상 재해를 당한 근로자이다.

8-2. 산재보험의 대상이 되는 보험사고는 근로자의 업무상의 재해이다.

8-3. 산재보험료율은 매년 6월 30일 현재 과거 3년 동안의 보수총액에 대한 산재보험급여총액의 비율을 기초로 한다.

8-4. 근로자의 구직급여는 이직일 이전 18개월간 피보험 단위기간이 통산(通算)하여 180일 이상이어야 한다.

8-5. 사업주는 만 8세 이하 또는 초등학교 2학년 이하의 자녀(입양자녀 포함)를 양육하기 위해 휴직을 신청하는 경우 이를 허용하여야 하는데 그 기간은 1년 이내로 한다.

9장

사회보험법: 국민연금법, 국민건강보험법, 노인장기요양보험법

1. 국민연금법

2. 국민건강보험법

3. 노인장기요양보험법

1. 국민연금법

국민연금은 노령으로 인한 소득중단에 대해 급여를 제공함으로써 노후에 소득을 보장해 주기 위한 사회보험제도이다. 1986년 12월 31일에 「국민연금법」이 공포되었으며 1988년 1월 1일부터 시행하였다. 그리고 2009년 8월 7일에 「국민연금과 직역연금의 연계에 관한 법률」 시행으로 직역연금[1]과 국민연금의 연계가 가능해졌다.

1) 목적

「국민연금법」은 국민의 노령, 장애 또는 사망에 대하여 연금급여를 실시함으로써 국민의 생활안정과 복지 증진에 이바지하는

---

1) 직역연금이란 공무원연금(1960년 제정), 군인연금(1963년 제정), 사립학교교직원 연금(1973년 제정), 별정우체국직원연금(1981년 제정)을 말한다.

것을 목적으로 한다(법 제1조). 다른 사회보험이 단기보험인 데 반해, 국민연금은 일정한 가입기간을 수급 요건으로 하여 사망 또는 지급 사유가 소멸될 때까지 급여가 지급되는 장기보험이라는 특징이 있다.

2) 대상

(1) 가입 대상

국민연금은 원칙적으로 국내에 거주하는 18세 이상 60세 미만의 국민을 가입 대상으로 한다. 그러나 타 직역연금 가입자인 「공무원연금법」, 「군인연금법」 및 「사립학교교직원 연금법」, 「별정우체국법」을 적용받는 공무원, 군인 및 교직원, 별정우체국 직원과 그 밖에 대통령령으로 정하는 자는 가입 대상에서 제외된다(법 제6조).

(2) 가입자의 종류

「국민연금법」상의 가입자의 종류는 사업장가입자, 지역가입자, 임의가입자 및 임의계속가입자로 구분된다(법 제7조). 각각의 자격요건은 다음과 같다.

첫째, 사업장가입자는 사업장에 고용된 근로자 및 사용자로서 국민연금에 가입된 자를 말한다(법 제3조 제1항 제6호). 한편, 국민연금에 가입된 사업장에 종사하는 18세 미만 근로자는 본인이 원하지 아니하는 경우를 제외하고는 사용자의 동의여부와 관계없이 사업장가입자가 되며(법 제8조), 반면에 「국민기초생활 보장법」에 따른 생계급여 수급자 또는 의료급여 수급자는 본인의 희망에 따라 사업장가입자가 되지 않을 수 있다.

둘째, 지역가입자란 사업장가입자가 아닌 자로서 18세 이상 60세 미만인 자는 당연히 지역가입자가 된다(제9조).

셋째, 임의가입자는 사업장가입자와 지역가입자에 해당하지 않는 사람으로서 18세 이상 60세 미만인 자는 보건복지부령으로 정하는 바에 따라 국민연금공단에 가입신청서를 제출하는 경우에 임의가입자가 될 수 있다(법 제10조 및 시행규칙 제5조).

넷째, 임의계속가입자는 국민연금 가입자 또는 가입자였던 자가 60세에 도달하여 국민연금 가입자의 자격을 상실하였으나, 가입기간이 부족하여 연금을 받지 못하거나 가입기간을 연장하여 더 많은 연금을 받고자 하는 경우 65세에 달할 때까지 신청에 의하여 가입할 수 있다(법 제13조).

물음 9-1

국민연금법은 ＿＿＿＿ 세 이상 ＿＿＿＿ 세 미만의 모든 국민을 대상으로 한다.

(3) 가입기간 계산

국민연금 가입기간은 월 단위로 계산하는데, 가입자의 자격을 취득한 날이 속하는 달의 다음 달부터 자격을 상실한 날의 전날이 속하는 달까지로 한다(법 제17조). 가입기간을 계산할 때 연금보험료를 내지 않은 기간은 가입기간에 산입하지 않지만, 사용자가 근로자의 임금에서 기여금을 공제하고 연금보험료를 내지 아니한 경우에는, 내지 않은 그 기간의 2분의 1에 해당하는 기간을 근로자의 가입기간으로 산입한다.

「병역법」에 따른 현역병과 전환복무를 한 사람, 상근예비역, 사회복무요원으로 군 복무를 했던 자가 노령연금수급권을 취득한 때에는 6개월을 가입기간에 추가로 산입한다(법 제18조). 또한 2명 이상의 자녀가 있는 가입자 또는 가입자였던 자가 노령연금수급권을 취득한 때에는 가입기간에 추가로 산입한다(법 제19조).

한편, 실업으로 인해 국민연금 중단이라는 사각지대의 해소를 위하여 고용보험상 구직급여를 수급하는 가입자 등에 대하여 국가에서 보험료의 일부를 지원하는 실업크레딧 제도도 도입되었다(법 제19조의2).[2]

3) 급여

(1) 급여의 종류

「국민연금법」상 규정된 급여의 종류는 노령연금, 장애연금, 유족연금, 반환일시금 등 네 종류이다(법 제49조). 그리고 유족연금 또는 반환일시금을 받지 못할 경우 장제보조적·보상적 성격으로 지급하는 급여인 사망일시금(법 제80조)이 있다. 이와 같은 급여의 종류는 〈표 9-1〉과 같다.

---

2) 앞 장의 「고용보험법」 내용 참고

〈표 9-1〉 국민연금 급여의 종류

연금급여(매월 지급)		일시금급여	
노령연금	노후 소득보장을 위한 급여(국민연금의 기초가 되는 급여)	반환일시금	연금을 받지 못하거나 더 이상 가입할 수 없는 경우 청산적 성격으로 지급하는 급여
장애연금	장애로 인한 소득감소에 대비한 급여	사망일시금	유족연금 및 반환일시금을 받지 못할 경우 장제 보조적·보상적 성격으로 지급하는 급여
유족연금	가입자의 사망으로 인한 유족의 생계보호를 위한 급여		

출처: 국민연금공단(2018: 72).

이 중 노령연금은 가입기간이 10년 이상이면 지급연령(60~65세)[3] 이후부터 평생 동안 매월 지급받을 수 있으며, 국민연금의 기초가 되는 급여이다(법 제61조). 가입기간, 연령, 소득활동 유무에 따라 노령연금(소득활동에 따른 노령연금 포함), 조기노령연금으로 구분되며, 파생급여로 분할연금이 있다(국민연금공단, 2018).

물음 9-2

국민연금 노령연금을 받기 위해서는 ＿＿＿ 년 이상 가입해야 한다.

　장애연금은 장애로 인한 소득 감소 부분을 보전함으로써 자

---

3) 노령연금 수급개시 연령은 원래 60세였으나 1953년생부터는 수급연령이 연장되어 1969년생부터는 65세부터 지급받는다.

신과 가족의 안정된 생활을 보장하기 위한 것이다(국민연금공단, 2018). 장애등급은 1~4급으로 나뉘며, 장애연금을 받고 있는 경우에라도 사업장가입자 및 지역가입자로 가입되어 있으면 노령연금 수급을 위해 국민연금보험료를 내야 한다.

유족연금은 국민연금에 가입한 사람이 사망하면 그 유족에게 지급되며, 지급받을 수 있는 유족은 가입자 또는 가입자였던 자가 사망할 당시 그에 의하여 생계를 유지하고 있던 가족 중 우선 순위자에게 지급된다.

반환일시금은 지급연령(60~65세)이 되었을 때 연금급여를 받을 수 있는 요건을 충족하지 못하였거나 국외이주 등으로 더 이상 국민연금 가입대상이 아닌 경우 납부한 연금보험료에 이자를 더해 일시에 지급하는 급여이다(법 제77조).

사망일시금은 가입자 또는 가입자였던 자, 노령연금 수급권자, 장애등급 3급 이상인 장애연금 수급권자가 사망하였으나 유족연금을 지급받을 수 없는 경우 유족에게 장제부조적 성격의 일시금을 지급하여 가입자 간 형평성 문제를 보완하고 국민연금의 수혜 범위를 확대하는 보완적 급여이다.

물음 9-3

장애로 인한 소득 감소 부분을 보전하기 위한 _____은 장애등급을 1~4급으로 나눈다.

(2) 연금액의 산정

국민연금액은 지급 사유에 따라 기본연금액과 부양가족연금액을 기초로 산정한다(법 제50조 제2항). 국민연금은 물가가 오르더

라도 실질가치가 보장된다. 즉, 연금을 지급할 때는 과거 보험료 납부소득에 연도별 재평가율을 적용하여 현재가치로 재평가하여 계산한다. 예를 들어, 1988년도에 100만 원의 소득으로 국민연금에 가입되었다면 이를 2016년 현재가치로 재평가하면 약 581만 원의 소득액으로 인정하여 국민연금을 계산한다. 또한 국민연금은 연금을 받기 시작한 이후 매년 4월부터 전년도의 전국소비자물가변동률에 따라 연금액을 조정하여 지급한다(국민연금공단, 2018. 12. 2. www.nps.or.kr). 연금의 월별 지급액은 최고한도가 정해져 있다(법 제53조).

한편, 기본연금액 산정방식은 고소득자와 저소득자의 급여 수준 격차를 줄여 주며, 물가변동률과 임금상승률을 반영하여 항상 실질가치를 보장해 주는 특징이 있다(국민연금공단, 2018). 기본연금액은 모든 연금액 산정의 기초가 되며, '균등부분'의 급여와 '소득비례부분'의 급여로 구성된다. '균등부분'은 연금 수급 전 3년간의 평균소득월액을 평균한 금액에 비례하고, '소득비례부분'은 자신의 가입기간 동안의 평균소득에 비례한다. '균등부분'은 가입자 전체의 소득과 관련하기에 소득재분배 기능을 하고 '소득비례부분'은 가입자 본인의 소득비례 기능을 한다. 그리고 부양가족연금액은 연금급여를 지급할 때 기본연금액에 추가하여 지급되는 가족수당 성격의 부가급여이다.

국민연금 많이 받는 방법

(3) 연금의 지급 기간 및 지급 시기

연금은 지급사유가 발생한 날이 속하는 달의 다음달부터 수급권이 소멸한 날이 속하는 달까지 지급한다(법 제54조). 노령연금의 경우 수급사유 발생일은 60세 생일이며(조기노령연금의 경우 청구일), 장애연금의 경우 완치일 또는 초진일로부터 1년 6개월 경과일, 유족연금의 경우 사망일이다. 급여를 받을 권리는 양도·압류하거나 담보로 제공할 수 없으며 수급권자에게 지급된 급여로서 대통령령으로 정하는 금액(2020년 12월 현재 185만 원) 이하의 급여는 압류할 수 없고(법 제58조), 이 금액 이하의 급여를 본인 명의로 지정된 계좌(급여수급전용 계좌)로 입금하도록 공단에 신청할 수 있다(법 제54조의2). 그리고 급여수급전용 계좌에 입금된 급여와 이에 관한 채권은 압류할 수 없다(법 제58조).

(4) 중복급여의 조정

한 사람에게 급여가 집중되는 것을 방지하여 한정된 재원으로 좀 더 많은 사람이 골고루 혜택을 누려야 한다는 사회보험의 원리에 따라, 국민연금급여는 중복급여가 제한되거나 조정될 수 있다. 중복급여는 국민 연금 급여 간 조정과 국민연금 급여와 다른 법에 따른 급여 간 조정 및 정지가 있다.

「국민연금법」상 중복급여와 관련된 내용은 법 제56조에 규정되어 있다. 수급권자에게 두 개 이상의 국민연금 급여 수급권이 생기면 수급권자의 선택에 따라 그중 하나만 지급하고 다른 급여의 지급은 정지된다. 이에 대한 예로는 장애연금을 받고 있는 사람이 노후에 노령연금 수급권이 발생한 경우 그 두 개의 연금급여 중 수급권자가 선택한 하나의 급여가 지급되고 다른 급여의 지급은 정지되는 경우를 들 수 있다.

그러나 선택하지 않은 급여가 다음의 어느 하나에 해당하는 경

우에는 해당 호에 규정된 금액을 선택한 급여에 추가하여 지급한
다(법 제56조).

1. 유족연금일 때(선택한 급여가 반환일시금일 때를 제외한다): 유족
   연금액의 100분의 30에 해당하는 금액
2. 반환일시금일 때(선택한 급여가 장애연금이고, 선택하지 아니한 급
   여가 본인의 연금보험료 납부로 인한 반환일시금일 때를 제외한다):
   제80조 제2항에 상당하는 금액

다음은 다른 법에 의해 급여를 지급받을 경우 국민연금 급여액
이 조정되거나 정지되는 경우이다. 즉, 장애연금 또는 유족연금
의 수급권자가 이 법에 지급 사유와 같은 사유로 「근로기준법」,
「산업재해보상보험법」, 「선원법」, 「어선원 및 어선 재해보상보험
법」의 어느 하나에 해당하는 급여를 받을 수 있는 경우에는 장애
연금액이나 유족연금액의 1/2에 해당하는 금액을 지급한다(법
제113조). 정지되는 경우는 제3자의 행위로 장애연금이나 유족연
금의 지급 사유가 발생한 경우 그와 같은 사유로 제3자로부터 손
해배상을 받았으면 공단은 그 배상액의 범위 안에서 연금을 지급
하지 아니한다(법 제114조).

4) 전달체계 및 위원회

이 법에 따른 국민연금사업은 보건복지부장관이 맡아 주관한다
(법 제2조). 그리고 보건복지부장관의 위탁을 받아 이 법의 목적을

달성하기 위한 사업을 효율적으로 수행하기 위하여 국민연금공단을 설립한다(법 제24조).

그리고 기금의 운용에 관한 사항들을 심의·의결하기 위하여 보건복지부에 국민연금기금운용위원회를 둔다(법 제103조). 국민연금기금 운용에 있어 결정 과정의 투명성을 확보하기 위해 회의록 공개에 관한 사항을 구체적으로 정하였다(법 제103조의2). 위원장은 회의의 일시·장소·토의내용·의결사항 및 각 참석자의 발언내용이 전부 기록된 회의록(회의록)을 작성하여 보관하고, 회의록의 주요 내용을 요약하여 공개하여야 하고 회의의 개최일부터 1년이 지난 후에 회의록을 공개하여야 한다.

5) 보험료 부담

국민연금공단은 국민연금사업에 드는 비용에 충당하기 위하여 가입자와 사용자에게 가입기간 동안 매월 연금보험료를 부과하고, 국민건강보험공단이 이를 징수한다(법 제88조). 연금보험료는 가입자 자격취득 시의 신고 또는 정기결정에 의한 기준소득월액을 기준으로 '연금보험료율'에 의해 부과된다. 사업장가입자의 연금보험료는 기여금과 부담금으로 구성되는데 이 중 기여금은 사업장가입자 본인이, 부담금은 사용자가 각각 부담하고(법 제88조 제3항), 지역가입자, 임의가입자 및 임의계속가입자의 연금보험료는 본인이 부담한다(법 제88조 제4항).

한편, 영세사업장 저임금 근로자의 연금보험료 지원하여 국민연금 사각지대를 해소하기 위한 '두루누리' 사업이 있다(법 제100조의3).

두루누리 사업

2. 국민건강보험법

국민건강보장 30년

　1963년 12월「의료보험법」이 제정·공포되었으나 이 법은 강제가
입조항이 없었기 때문에 그 시행이 미미하였다. 그러다가 1976년
12월「의료보험법」이 대폭 개정되어 1977년 1월 1일 500인 이상
사업장에 당연 적용되기 시작함으로써 드디어 본격적인 의료보
험이 실시되었다. 그러나 이때 대상이 전체 노동자의 8%였기에
실제로는 대기업 노동자에게만 복지혜택을 준 것이었다. 1989년
7월부터는 전국 60개 도시를 대상 지역으로 하여 자영업자들에게
까지도 의료보험이 실시됨으로써 우리나라는 의료보험 시행 12년
만에 전국민 의료보험화 시대를 맞이했다. 의료보험 대상자의 확
대는 전형적으로 사회보험 대상자의 범위가 좁았다가 확대되는
모습을 보여 주고 있다. 한편, 기존의 상병을 치료하기 위해 소요
되는 비용 및 의료서비스 제공을 중심으로 하는 의료보험제도뿐
만 아니라 건강진단과 재활 및 예방의 범위까지 포함한 적극적이
고 포괄적인 성격의「국민건강보험법」을 1999년 2월에 제정·공포
하고, 2000년 7월 1일부터 국민건강보험제도를 실시하였다. 이때
그동안 직장의료보험조합, 지역의료보험조합, 공무원·사립학교
교직원의료보험공단의 세 가지 형태로 분리 운영되던 보험자를 국
민건강보험공단의 단일 보험자로 통합하여 운영하도록 하였다.

1) 목적

「국민건강보험법」은 국민의 질병·부상에 대한 예방·진단·치료·재활과 출산·사망 및 건강증진에 대하여 보험급여를 실시함으로써 국민보건을 향상시키고 사회보장의 증진에 이바지함을 목적으로 한다(법 제1조).

2) 대상

(1) 적용 대상
적용 체계는 [그림 9-1]과 같다.

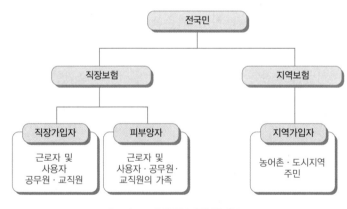

[그림 9-1] 건강보험 체계도

출처: 국민건강보험공단(2018: 24).

「국민건강보험법」의 가입자가 될 수 있는 사람은 국내에 거주하는 국민으로서 적용 제외 대상자가 아닌 모든 사람이 일단 자격요건을 갖는다. 따라서 국민건강보험은 사회보험 중 가장 대상자가 포괄적이다. 자격요건을 갖는 사람은 가입자와 피부양자로 나뉘는데 피부양자는 다음에 해당하는 자 중 직장가입자에 의하여 주로 생계를 유지하는 사람으로서 소득 및 재산이 보건복지부령으로 정하는 기준 이하에 해당하는 사람을 말한다(법 제5조 제1항 및 제2항). 즉, 직장가입자의 배우자, 직장가입자의 직계존속(배우자의 직계존속을 포함한다), 직장가입자의 직계비속(배우자의 직계비속을 포함한다) 및 그 배우자, 직장가입자의 형제자매 등이다.[4]

가입자는 직장가입자 및 지역가입자로 구분한다(법 제6조 제1항). 직장가입자는 모든 사업장의 근로자 및 사용자와 공무원 및 교직원이다(법 제6조 제2항). 지역가입자는 가입자 중 직장가입자와 그 피부양자를 제외한 가입자를 말한다(법 제6조 제3항). 한편, 외국인에 대한 특례로 정부는 외국 정부가 사용자인 사업장의 근로자의 건강보험에 관하여 외국정부와의 합의에 의하여 이를 따로 정할 수 있으며, 국내에 체류하고 있는 재외국민 또는 외국인은 이 법의 적용을 받는 지역가입자가 되며 피부양자가 될 수 있다(법 제109조).

물음 9-4

건강보험의 가입자는 _____ 및 _____로 구분한다.

---

[4] 나를 중심으로 직계존속은 부모 또는 그와 같은 항렬 이상(부, 모, 조부모, 외조부모 등)의 친족을, 직계비속은 아들, 딸이나 손자 등과 같이 아래 세대에 있는 친족을 뜻한다.

3) 급여

(1) 요양급여

요양급여는 가입자 및 피부양자의 질병 · 부상 · 출산 등에 대하여 진찰 · 검사, 약제 · 치료재료의 지급, 처치 · 수술 및 그 밖의 치료, 예방 · 재활, 입원, 간호, 이송을 제공하는 급여이다(법 제41조). 요양급여는 「국민건강보험법」의 급여 중 가장 기본적인 내용으로 대통령령에 따라 비용의 일부(본인일부부담금)를 본인이 부담한다(법 제44조). 요양급여 비용으로 인한 가계부담을 덜어 주기 위해 본인부담금의 상한액이 가입자의 소득수준 등에 따라 정해지며, 상한액을 초과한 경우에는 공단이 그 초과금액을 부담하여야 한다.

요양급여(간호 및 이송을 제외한다)는 다음의 요양기관에서 행한다. 즉, 「의료법」에 의하여 개설된 의료기관, 「약사법」에 의하여 등록된 약국, 「약사법」에 의하여 설립된 한국희귀 · 필수의약품센터, 「지역보건법」에 의한 보건소 · 보건의료원 및 보건지소, 「농어촌 등 보건의료를 위한 특별조치법」에 의하여 설치된 보건진료소 등이다. 이에 따른 요양기관은 정당한 이유 없이 요양급여를 거부하지 못한다(법 제42조). 이 조문은 흔히 당연지정제로 일컬어지는 매우 중요한 조문이며, 이로 인해 대부분의 요양기관은 당연히 국민건강보험공단과 계약을 하게 되고, 국민건강보험에 가입된 국민들이 대부분의 요양기관에서 요양급여를 받을 수 있게 된다.

(2) 건강검진

공단은 가입자 및 피부양자에 대하여 질병의 조기발견과 그에 따른 요양급여를 하기 위하여 건강검진을 실시한다(법 제52조). 건강검진은 일반건강검진, 암검진 및 영유아건강검진으로 구분 하여 실시한다.

물음 9-5

_____은 질병의 조기발견과 그에 따른 요양급여를 하기 위해 실시한다.

(3) 부가급여

공단은 이 법에 규정한 요양급여 외에 대통령령이 정하는 바에 따라 임신·출산 진료비, 장제비, 상병수당, 그 밖의 급여를 실시 할 수 있다(법 제50조). 이러한 부가급여는 현재 임신·출산 진료 비로 한다(시행령 제23조). 임신·출산 진료비 지원 대상은 임신· 출산한 가입자 또는 피부양자, 1세 미만인 가입자 또는 피부양자 (1세 미만 영유아)의 법정대리인(출산한 가입자 또는 피부양자가 사망 한 경우에 한정한다)이다.

(4) 급여의 제한

공단은 보험급여를 받을 수 있는 사람이 다음의 어느 하나에 해 당하면 보험급여를 하지 않는다(법 제53조 제1항). 즉, 고의 또는 중대한 과실로 인한 범죄행위에 그 원인이 있거나 고의로 사고를 일으킨 경우, 고의 또는 중대한 과실로 공단이나 요양기관의 요양 에 관한 지시에 따르지 아니한 경우, 고의 또는 중대한 과실로 제

55조에 따른 문서와 그 밖의 물건의 제출을 거부하거나 질문 또는 진단을 기피한 경우, 업무 또는 공무로 생긴 질병·부상·재해로 다른 법령에 따른 보험급여나 보상(報償) 또는 보상(補償)을 받게 되는 경우 등이다.

그리고 공단은 보험급여를 받을 수 있는 사람이 다른 법령에 따라 국가 또는 지방자치단체로부터 보험급여에 상당하는 급여를 받거나 보험급여에 상당하는 비용을 지급받게 되는 경우에는 그 한도 내에서 보험급여를 하지 아니한다(법 제53조 제2항).

또한 세대 단위의 보험료를 대통령령이 정하는 기간 이상 체납한 지역가입자에 대하여 보험료를 완납할 때까지 보험급여를 실시하지 않을 수 있다(법 제53조 제3항). 보험료를 체납한 경우에는 그 체납에 대하여 직장가입자 본인에게 귀책사유가 있는 경우에 한하여 지역가입자와 마찬가지로 보험급여를 실시하지 않을 수 있다. 이 경우 당해 직장가입자의 피부양자에게도 적용한다(법 제53조 제4항).

4) 전달체계 및 위원회

국민건강보험은 사회보험제도의 하나로서 건강보험사업은 보건복지부장관이 맡아 주관하며(법 제2조), 건강보험의 보험자는 국민건강보험공단이다(법 제13조).

건강보험심사평가원은 요양급여비용을 심사하고 요양급여의 적정성을 평가하기 위하여 설립한 기관으로(법 제62조), 공단과는 별도의 법인이다. 기존에 공단에서 담당하던 요양급여의 적정성

건강보험심사
평가원

평가 업무를 독립적으로 수행하기 위해 「국민건강보험법」이 공포
되면서 새롭게 신설된 기관이다. 그리고 건강보험정책에 관한 사
항을 심의·의결하기 위하여 보건복지부장관 소속으로 건강보험
정책심의위원회를 둔다(법 제4조 제1항). 이 위원회에서 보험료 부
과와 관련된 기준이 심의·의결되기 때문에 위원회의 위원이 매
우 중요하다. 따라서 향후 위원회의 위원 구성과 활동에 대해 많
은 관심과 주의를 기울여야 한다.

5) 보험료의 부담

건강보험공단은 건강보험사업에 드는 비용을 충당하기 위하여
제77조에 따른 보험료 납부의무자로부터 보험료를 징수한다. 이
때 보험료는 가입자의 자격을 취득한 날이 속하는 달의 다음 달부
터 가입자의 자격을 잃은 날의 전날이 속하는 달까지 징수한다.

◘ 건강보험료: 공동
명의, 피부양자

다만, 가입자의 자격을 매월 1일에 취득한 경우에는 그 달부터 징
수한다. 월별 보험료액은 가입자의 보험료 평균액의 일정비율에
해당하는 금액을 고려하여 대통령령으로 정하는 기준에 따라 상
한 및 하한을 정한다(법 제69조).

직장가입자는 보수월액보험료와 소득월액보험료(보수를 제외
한 다른 소득을 기준으로 산정)에 따라 산정된 금액이 월별 보험료
가 된다. 직장가입자의 보수월액보험료는 직장가입자와 직장가
입자가 근로자인 경우에는 소속 사업장의 사업주가, 직장가입자
가 공무원인 경우에는 소속된 국가 또는 지방자치단체가 각각 보
험료액의 100분의 50씩 부담한다. 다만, 직장가입자가 교직원으

로서 사립학교에 근무하는 교원인 경우의 보험료액은 그 직장가
입자가 100분의 50을, 소속 학교 경영기관이 100분의 30을, 국가
가 100분의 20을 각각 부담한다. 직장가입자가 교직원인 경우 사
용자가 부담액 전액을 부담할 수 없으면 그 부족액을 학교에 속하
는 회계에서 부담하게 할 수 있다(법 제76조). 한편, 직장가입자의
소득월액보험료는 직장가입자 본인이 부담한다.

물음 9-6

직장가입자의 보험료는 보수월액보험료 외에 보수를 제외한 다른 소득을 기준으로 산정
하는 _____ 를 징수하는 근거가 있다.

지역가입자 보험료 부과체계

　지역가입자의 월별 보험료액은 세대 단위로 산정하되, 지역가
입자가 속한 세대의 월별 보험료액은 보험료부과점수에 보험료
부과점수당 금액을 곱한 금액으로 한다.

3. 노인장기요양보험법

　우리나라 인구의 고령화가 세계에서 유례가 없을 정도로 빠르
게 진행되고 있고, 치매·중풍 등으로 인해 일상생활을 영위하기
어려운 노인들의 수도 날로 증가하고 있다. 그러나 핵가족화·여
성의 사회참여 증가 등으로 장기요양이 필요한 노인을 가정에서
돌보는 것이 어렵고, 그 가정의 비용 부담이 과중하여 노인의 장
기요양 문제는 우리 사회가 시급히 해결해야 할 심각한 사회적 문
제로 대두되었다. 이에 따라 2007년 4월 27일 「노인장기요양보험

법」이 공포되었고, 노인의 간병·장기요양 문제를 사회적 연대원리에 따라 정부와 사회가 공동으로 해결하는 노인장기요양보험제도가 법적으로 규정되어 2008년 7월 1일부터 시행되었다.

1) 목적

「노인장기요양보험법」은 고령이나 노인성 질병 등의 사유로 일상생활을 혼자서 수행하기 어려운 노인등[5]에게 제공하는 신체활동 또는 가사활동 지원 등의 장기요양급여[6]에 관한 사항을 규정하여 노후의 건강증진 및 생활안정을 도모하고 그 가족의 부담을 덜어 줌으로써 국민의 삶의 질을 향상하도록 함을 목적으로 한다 (법 제1조).

국민건강보험은 질환의 진단, 입원 및 외래치료, 재활치료 등을 목적으로 주로 병·의원 및 약국에서 제공하는 서비스를 급여 대상으로 하는 반면, 노인장기요양보험은 치매/중풍의 노화 및 노인성 질병 등으로 인하여 혼자 힘으로 일상생활을 영위하기 어려운 대상자에게 요양시설이나 재가 장기요양기관을 통해 신체활

---

5) "노인등"이란 65세 이상의 노인 또는 65세 미만의 자로서 치매·뇌혈관성질환 등 대통령령으로 정하는 노인성 질병을 가진 자를 말한다(법 제2조 제1호).

6) "장기요양급여"란 제15조 제2항에 따라 6개월 이상 혼자서 일상생활을 수행하기 어렵다고 인정되는 자에게 신체활동·가사활동의 지원 또는 간병 등의 서비스나 이에 갈음하여 지급하는 현금 등을 말한다(법 제2조 제2호).

동 또는 가사지원 등의 서비스를 제공하는 제도이다(노인장기요양 보험 홈페이지, www.longtermcare.or.kr).

2) 대상

(1) 보험 가입자

장기요양보험의 가입자는 「국민건강보험법」 제5조 및 제109조에 따른 건강보험의 가입자로 한다(법 제7조 제3항).

(2) 수급자

■ 신청과 등급

장기요양인정을 신청할 수 있는 자는 노인 등으로서 장기요양 보험 가입자 및 그 피부양자, 또는 「의료급여법」에 따른 수급권자의 자격을 갖추어야 한다(법 제12조). 그다음 장기요양등급판정위원회에서 이 신청자격요건을 충족하고 6개월 이상 동안 혼자서 일상생활을 수행하기 어렵다고 인정하는 경우, 심신상태 및 장기요양이 필요한 정도 등 대통령령으로 정하는 등급판정기준에 따라 장기요양급여를 받을 자(수급자)로 판정하게 된다(법 제15조 제2항). 여기서 장기요양인정 점수는 장기요양이 필요한 정도를 나타내는 점수로서 보건복지부장관이 정하여 고시하는 심신의 기능 저하 상태를 측정하는 방법에 따라 산정한다(시행령 제7조 제2항).

3) 급여

장기요양급여는 노인등이 자신의 의사와 능력에 따라 최대한 자립심으로 일상생활을 수행할 수 있도록 제공하여야 한다. 또한 장기요양급여는 노인등의 심신상태·생활환경과 노인등 및 그 가족의 욕구·선택을 종합적으로 고려하여 필요한 범위 안에서 이를 적정하게 제공하여야 한다. 그리고 노인등이 가족과 함께 생활하면서 가정에서 장기요양을 받는 재가급여를 우선적으로 제공하여야 하며, 노인등의 심신상태나 건강 등이 악화되지 아니하도록 의료서비스와 연계하여 이를 제공하여야 한다(법 제3조).

　수급자는 재가급여, 시설급여 및 특별현금급여를 중복하여 받을 수 없다. 다만, 가족요양비 수급자 중 기타 재가급여를 받는 경우에는 그러하지 아니하다. 그리고 동일한 시간에 방문요양, 방문목욕, 방문간호, 주·야간보호 또는 단기보호 급여를 두 가지 이상 받을 수 없다(시행규칙 제17조).

물음 9-7

노인장기요양보험 수급자는 재가급여, 시설급여 및 특별현금급여를 _____ 하여 받을 수 없다.

　재가급여는 방문요양, 방문목욕, 방문간호, 주·야간보호, 단기보호, 기타재가급여를 제공한다(법 제23조 제1항 제1호). 시설급여는 장기요양기관에 장기간 입소한 수급자에게 신체활동 지원 및 심신기능의 유지·향상을 위한 교육·훈련 등을 제공하는 급여이다(법 제23조 제1항 제2호). 장기요양급여 중 특별현금급여는 가족요양비, 특례요양비, 요양병원간병비를 제공하는 급여이다(법 제23조 제1항 제3호).

4) 전달체계 및 위원회

장기요양사업의 관리운영기관은 국민건강보험공단이며, 공단은 장기요양기관을 설치하는 목적에 필요한 최소한의 범위에서 이를 설치·운영하여야 한다. 그리고 장기요양인정 및 장기요양등급 판정 등을 심의하기 위하여 공단에 장기요양등급판정위원회를 둔다. 등급판정위원회는 시·군·구 단위로 설치하나, 인구 수 등을 고려하여 하나의 시·군·구에 둘 이상의 등급판정위원회를 설치하거나 둘 이상의 시·군·구를 통합하여 하나의 등급판정위원회를 설치할 수 있다(법 제52조 제1항부터 제2항).

재가급여 또는 시설급여를 제공하는 장기요양기관을 운영하려는 자는 소재지를 관할 구역으로 하는 시장·군수·구청장으로부터 지정을 받아야 한다(법 제31조). 장기요양기관 지정의 유효기간은 지정받은 날로부터 6년으로 한다(법 제32조의3). 장기요양기관은 수급자가 장기요양급여를 쉽게 선택하도록 하고 장기요양기관이 제공하는 급여의 질을 보장하기 위하여 장기요양기관별 급여의 내용, 시설·인력 등 현황자료 등을 공단이 운영하는 인터넷 홈페이지에 게시하여야 한다(법 제34조).

5) 재정(비용)

공단은 장기요양사업에 사용되는 비용에 충당하기 위하여 장기요양보험료를 징수한다. 장기요양보험료는 「국민건강보험법」에 따른 보험료(건강보험료)와 통합하여 징수한다. 이 경우 공단은 장기요양보험료와 건강보험료를 구분하여 고지하여야 한다(법 제8조). 장기요양보험료는 「국민건강보험법」에 따라 산정한 보험료액에서 같은 법에 따라 경감 또는 면제되는 비용을 공제한 금액에 장기요양보험료율(2021년 11.52%)을 곱하여 산정한 금액으로 한다. 장기요양보험료율은 장기요양위원회의 심의를 거쳐 대통령령으로 정한다(법 제9조).

국가는 매년 예산의 범위 안에서 해당 연도 장기요양보험료 예상수입액의 100분의 20에 상당하는 금액을 공단에 지원한다(법 제58조 제1항). 그리고 수급자는, 재가급여는 장기요양급비용의 15/100, 시설급여는 장기요양급여비용의 20/100을 부담한다(법 제40조).

핵심 정리

「국민연금법」은 노후 빈곤이라는 사회적 위험에 공동으로 대처하여 개인과 사회의 부담을 줄이는 데 목적이 있다. 「국민연금법」상의 급여는 노령연금, 장애연금, 유족연금, 반환일시금 등의 네 종류이다.

「국민건강보험법」은 국민의 질병 및 부상에 대한 예방, 진단과 치료, 재활과 출산, 사망 및 건강증진에 대하여 보험급여를 실시함으로써 국민건강을 향상시키고 사회보장을 증진하는 데 목적이 있다. 「국민건강보험법」에 따라 제공되는 급여는 요양급여(현물급여)와 요양비 지급, 건강검진, 부가급여가 있다.

「노인장기요양보험법」은 고령이나 노인성 질병 등의 사유로 일상생활을 혼자서 수행하기 어려운 노인등에게 제공하는 신체활동 또는 가사활동 지원 등의 장기요양급여에 관한 사항을 규정하여 노후의 건강증진 및 생활안정을 도모하고 그 가족의 부담을 덜어 줌으로써 국민의 삶의 질을 향상하도록 함을 목적으로 한다.

물음에 대한 답

9-1. 국민연금법은 18세 이상 60세 미만의 모든 국민을 대상으로 한다.

9-2. 국민연금 노령연금을 받기 위해서는 10년 이상 가입해야 한다.

9-3. 장애로 인한 소득 감소 부분을 보전하기 위한 장애연금은 장애등급을 1~4급으로 나눈다.

9-4. 건강보험의 가입자는 직장가입자 및 지역가입자로 구분한다.

9-5. 건강검진은 질병의 조기발견과 그에 따른 요양급여를 하기 위해 실시한다.

9-6. 직장가입자의 보험료는 보수월액보험료 외에 보수를 제외한 다른 소득을 기준으로 산정하는 소득월액보험료를 징수하는 근거가 있다.

9-7. 노인장기요양보험 수급자는 재가급여, 시설급여 및 특별현금급여를 중복하여 받을 수 없다.

10장

공공부조법: 국민기초생활 보장법, 의료급여법, 기초연금법, 장애인연금법

1. 국민기초생활 보장법

1961년 이후 공공부조법으로 기능해 오던 「생활보호법」은 인구학적 제한을 두고 있어 사회경제적 변화에 적절하게 대응하지 못한다는 비판을 많이 받았다. 그러다가 1997년 IMF 경제위기로 인하여 수많은 실직자와 명예퇴직자가 발생하면서 기존의 생계유지가 어려운 저소득층을 포함한 국가 전체 빈곤계층의 생활안정을 위하여 새로운 형태의 정책적·제도적 장치가 필요하게 되었다. 즉, 국가가 모든 국민의 기본적인 생활을 제도적으로 보장해야 할 필요성과 함께 단순생계지원이 아닌 수급자의 자립자활을 촉진하는 생산적 복지를 지향하는 종합적 빈곤대책에 대한 요구가 있었다. 이러한 사회경제적 배경에서 1999년 9월 7일 「국민기초생활 보장법」이 공포되어 2000년 10월 1일부터 실시되었다. 1998년 45개 시민단체 연대회의를 구성하여 입법 청원을 하는 등 이 법이 제정되는 과정에서 대다수의 국민이 관심을 가지고 광범위한 연대가 이루어졌는데 이는 굉장히 특이한 현상이었다. 국가

적인 위기가 사람들로 하여금 자신의 이해관계를 떠나 공익을 대
변하고 사회적 연대에 충실하게 했던 것이다.

「국민기초생활 보장법」이 기존의 「생활보호법」과 다른 특징은
크게 세 가지이다. 첫째, 권리라는 점을 부각시키기 위해 '수급
권', '보장기관' 등의 용어를 사용하여 법률에 국민의 권리를 명확
히 명시하였다. 둘째, 「생활보호법」의 가장 큰 문제로 지적되어
왔던 대상자의 제한을 철폐하였다. 즉, 연령과 신체상태 등을 기
준으로 대상자를 한정하였던 것을 폐지하고 소득인정액을 기준
으로 하여 대상자를 선정하였다. 셋째, 기존의 생계보호와 자활
보호로 이원화되어 있던 급여체계를 다양화하여 개별 대상자에
맞는 급여가 이루어지도록 하였다. 주거급여와 긴급급여가 신설
된 것 등이 이에 대한 예이다.

1) 목적

「국민기초생활 보장법」은 생활이 어려운 사람에게 필요한 급여
를 실시하여 이들의 최저생활을 보장하고 자활을 돕는 것을 목적
으로 한다(법 제1조). 이 법은 공공부조법으로서 헌법에 규정되어
있는 국민의 생존권 보장을 위한 구체적이고 최후의 보루로서 기
능하는 법이다. 따라서 개인적 노력과 각종 사회보장제도 및 사
회복지제도를 통해서 먼저 원조를 제공한 후에 마지막으로 최저
생활을 보장하기 위해 마련된 법으로 볼 수 있다.

2) 대상

(1) 수급권자와 수급자

이 법에 따른 정의는 다음과 같다(법 제2조).

"수급권자"라 함은 이 법에 따른 급여를 받을 수 있는 자격을 가진 사람을 말하며, "수급자"란 이 법에 따른 급여를 받는 사람을 말한다.

"부양의무자"란 수급권자를 부양할 책임이 있는 사람으로서 수급권자의 1촌의 직계혈족(부모, 아들 · 딸 등) 및 그 배우자(며느리, 사위 등)를 말한다. 다만, 사망한 1촌의 직계혈족의 배우자는 제외한다(법 제2조 제5호).

물음 10-1

_____는 수급권자를 부양할 책임이 있는 자로서 수급권자의 1촌 이내의 직계혈족 및 그 배우자를 말한다.

한편, 외국인에 대한 특례로서 국내에 체류하고 있는 외국인 중 대한민국 국민과 혼인하여 본인 또는 배우자가 임신 중이거나 대한민국 국적의 미성년 자녀를 양육하고 있거나 배우자의 대한민국 국적인 직계존속(直系尊屬)과 생계나 주거를 같이하고 있는 사람으로서 대통령령으로 정하는 사람이 이 법에 따른 급여를 받을 수 있는 자격을 가진 경우에는 수급권자가 된다(법 제5조의2).

(2) 최저보장수준의 결정

보건복지부장관 또는 소관 중앙행정기관의 장은 매년 8월 1일까지 중앙생활보장위원회의 심의·의결을 거쳐 다음 연도의 급여의 종류별 수급자 선정기준 및 최저보장수준을 공표하여야 한다(법 제6조).

"최저보장수준"이란 국민의 소득·지출 수준과 수급권자의 가구 유형 등 생활실태, 물가상승률 등을 고려하여 제6조에 따라 급여의 종류별로 공표하는 금액이나 보장수준을 말한다. 또한 "소득인정액"이란 보장기관이 급여의 결정 및 실시 등에 사용하기 위하여 산출한 개별 가구의 소득평가액과 재산의 소득환산액을 합산한 금액을 말하며, "최저생계비"란 국민이 건강하고 문화적인 생활을 유지하기 위하여 필요한 최소한의 비용으로서 제20조의2 제4항에 따라 보건복지부장관이 계측하는 금액을 말한다. 그리고 "기준 중위소득"이란 보건복지부장관이 급여의 기준 등에 활용하기 위하여 제20조 제2항에 따른 중앙생활보장위원회의 심의·의결을 거쳐 고시하는 국민 가구소득의 중위값을 말한다(법 제2조).

중위소득

기준 중위소득은「통계법」제27조에 따라 통계청이 공표하는 통계자료의 가구 경상소득(근로소득, 사업소득, 재산소득, 이전소득을 합산한 소득을 말한다)의 중간값에 최근 가구소득 평균 증가율, 가구규모에 따른 소득수준의 차이 등을 반영하여 가구규모별로 산정한다(법 제6조의2). 개별가구의 소득평가액은 보장기관이 급여의 결정 및 실시 등에 사용하기 위하여 산출한 금액으로 근로소득, 사업소득, 재산소득, 이전소득의 소득을 합한 개별가구의 실제소득에서 장애·질병·양육 등 가구 특성에 따른 지출요인, 근로를 유인하기 위한 요인, 그 밖에 추가적인 지출요인에 해당하는 금액을 제하고 산정한다. 그리고 재산의 소득환산액은 개별가구의 재산가액에서 기본재산액(기초생활의 유지에 필요하다고 보건복지부장관이 정하여 고시하는 재산액을 말한다) 및 부채를 공제한 금액에 소득환산율을 곱하여 산정한다. 이 경우 소득으로 환산하는 재산의 범위는 일반재산(금융재산 및 자동차를 제외한 재산을 말한다), 금융재산, 자동차를 말한다(법 제6조의3).

3) 급여

(1) 급여의 기본원칙

① 보충성의 원칙

이 법에 따른 급여는 수급자가 자신의 생활의 유지 · 향상을 위하여 그의 소득, 재산, 근로능력 등을 활용하여 최대한 노력하는 것을 전제로 이를 보충 · 발전시키는 것을 기본원칙으로 한다(법 제3조 제1항). 다시 말해 개인의 노력으로 자기 생활을 유지하는 것이 우선이며 자기 스스로 생활을 유지할 수 없을 때 비로소 국가가 급여를 제공한다는 뜻이다.

② 타법우선의 원칙

부양의무자의 부양과 다른 법령에 따른 보호는 이 법에 따른 급여에 우선하여 행하여지는 것으로 한다(법 제3조 제2항). 그러므로 「국민기초생활 보장법」상의 급여는 마지막으로 제공되는 사회복지급여이며 최후의 안전망이라고 볼 수 있다.

(2) 급여 실시의 기준

급여의 기본 수준은 건강하고 문화적인 최저생활을 유지할 수 있는 것이어야 한다(법 제4조). 그리고 급여는 수급자의 욕구와 문제 등 수급자가 처한 상황을 개별화하여 적절한 내용과 수준으로 제공되어야 한다. 보장기관은 이 법에 따른 급여를 개별가구를 단위로 실시하되, 특히 필요하다고 인정하는 경우에는 개인 단위로 실시할 수 있다. 주거급여(법 제11조)와 의료급여(법 제12조의3)에 따른 급여와 관련하여 다른 법률에 특별한 규정이 있는 경우를 제외하고는 이 법이 정하는 바에 따른다(법 제4조의2).

물음 10-2

보장기관은 급여를 _____를 단위로 하여 실시하되, 특히 필요하다고 인정하는 경우에는 개인 단위로 실시할 수 있다.

(3) 급여의 실시

① 급여의 신청

수급권자와 그 친족, 기타 관계인은 관할 시장·군수·구청장에게 수급권자에 대한 급여를 신청할 수 있으며, 차상위자가 급여를 신청하려는 경우에도 마찬가지이다(신청주의의 원칙). 그리고 사회복지전담공무원은 이 법에 따른 급여를 필요로 하는 사람이 누락되지 아니하도록 하기 위하여 관할지역에 거주하는 수급권자에 대한 급여를 직권으로 신청할 수 있다(직권주의). 수급권자 등이 급여를 신청할 경우 사회복지 전담공무원은 신청한 사람이 급여에 관한 정보의 부족 등으로 불리한 입장에 놓이지 아니하도록 수급권자의 선정기준, 급여의 내용 및 신청방법 등을 알기 쉽게 설명하여야 한다. 또한 시장·군수·구청장은 신청자에게 급여 신청의 철회나 포기를 유도하는 행위를 하여서는 아니 된다(법 제21조).

② 조사

시장·군수·구청장은 급여신청이 있는 경우에는 사회복지전담공무원으로 하여금 급여의 결정 및 실시 등에 필요한 부양의무자 유무 및 부양능력, 소득·재산, 수급권자의 근로능력 등의 사항을 조사하게 하거나 수급권자에게 보장기관이 지정하는 의료기관에서 검진을 받게 할 수 있다(법 제22조). 차상위계층은 수급권자에 해당하지 아니하는 계층으로서 소득인정액이 대통령령으로 정하는 기준 이하인 계층(기준 중위소득의 100분의 50 이하인 사람)을 말하며(법 제2조 제10호), 차상위계층에 속하는 사람에 대한 급여는 보장기관이 차상위자의 가구별 생활여건을 고려하여 예산의 범위 안에서 주거급여, 의료급여, 교육급여, 장제급여, 자활급여의 전부 또는 일부를 행할 수 있다(법 제7조 제3항).

③ 급여의 결정과 실시

시장·군수·구청장은 급여의 신청에 대한 조사를 하였을 때에는 지체 없이 급여 실시 여부와 급여의 내용을 결정하여야 한다(법 제26조). 이 법에 따른 급여는 수급권자 또는 수급자의 거주지를 관할하는 시·도지사와 시장·군수·구청장(제7조 제1항 제4호의 교육급여인 경우에는 시·도의 교육감을 말한다)이 실시한다. 급여의 실시 및 내용이 결정된 수급자에 대한 급여는 급여의 신청일부터 시작한다(법 제27조). 시장·군수·구청장은 급여 실시 여부의 결정을 하기 전이라도 수급권자에게 급여를 실시하여야 할 긴급한 필요가 있다고 인정할 때에는 급여(법 제7조 제1항 각 호에 규정되어 있는 급여)의 일부를 실시할 수 있다.

수급자에게 지급되는 급여를 수급권자 명의의 지정된 계좌에 입금하도록 하여, 그 계좌의 예금은 압류할 수 없도록 함으로써 수급자의 기초생활을 실질적으로 보장하고, 수급권 보호의 실효성을 확보하고 있다(법 제27조의2).

(4) 급여의 종류와 방법

부양의무자 기준 단계적 폐지

「국민기초생활 보장법」은 급여의 내용에 따라 생계급여, 주거급여, 교육급여, 의료급여, 해산급여, 장제급여, 자활급여의 일곱 가지로 구분한다(법 제7조 제1항). 이 중 부양의무자 조건은 생계급여와 의료급여에만 적용된다. 수급권자에 대한 급여는 필요에 따라 일곱 가지 급여의 전부 또는 일부를 실시하는 것으로 한다(법 제7조 제2항).

① 생계급여

생계급여는 수급자에게 의복, 음식물 및 연료비와 그 밖에 일상생활에 기본적으로 필요한 금품을 지급하여 그 생계를 유지하게 하는 것으로 하며, 수급자의 주거에서 실시한다(법 제8조). 생계급여 선정기준은 기준 중위소득의 100분의 30 이상으로 한다. 생계급여 최저보장수준은 생계급여와 소득인정액을 포함하여 생계급여 선정기준 이상이 되도록 하여야 한다. 생계급여는 금전을 지급하는 것으로 한다(법 제9조). 그리고 보장기관은 대통령령으로 정하는 바에 따라 근로능력이 있는 수급자에게 자활에 필요한 사업에 참가할 것을 조건으로 하여 생계급여를 지급할 수 있다. 이 경우 보장기관은 제28조에 따른 자활지원계획을 고려하여 조건을 제시하여야 한다. 이 제9조 제5항이 '조건부 (생계급여) 수급'에 대한 근거 조항이다.

◆ 자활근로사업

② 의료급여

의료급여는 수급자에게 건강한 생활을 유지하는 데 필요한 각종 검사 및 치료 등을 지급하는 것으로 한다. 의료급여 선정기준은 기준 중위소득의 100분의 40 이상으로 한다. 의료급여에 필요한 사항은 따로 「의료급여법」에서 정한다(법 제12조의3).

③ 주거급여

주거급여는 수급자에게 주거 안정에 필요한 임차료, 수선유지·수선비, 그 밖의 수급품을 지급하는 것으로 한다. 주거급여에 관하여 필요한 사항은 따로 법률에서 정한다(법 제11조). 과거의 「생활보호법」에는 없었던 주거급여는 「국민기초생활 보장법」시행으로 신설된 급여로, 2014년 「주거급여법」이 제정되어 이에 따르도록 되어 있다. 주거급여 선정기준은 기준 중위소득의 100분의 43 이상으로 한다(「주거급여법」 제5조).

④ 교육급여

교육급여는 수급자에게 입학금, 수업료, 학용품비, 그 밖의 수급품을 지급하는 것으로 하되, 학교의 종류·범위 등에 관하여 필요한 사항은 대통령령으로 정하며, 교육급여는 교육부장관의 소관으로 한다. 교육급여 선정기준은 기준 중위소득의 100분의 50 이상으로 한다(법 제12조).

⑤ 해산급여

해산급여는 생계급여, 주거급여, 의료급여 중 하나 이상의 급여를 받는 수급자에게 조산, 분만 전과 분만 후의 필요한 조치와 보호에 대한 급여를 행하는 것으로 한다(법 제13조).

⑥ 장제급여

장제급여는 생계급여, 주거급여, 의료급여 중 하나 이상의 급여를 받는 수급자가 사망한 경우 사체의 검안·운반·화장 또는 매장, 그 밖의 장제조치를 행하는 것으로 한다(법 제14조).

⑦ 자활급여

자활급여는 수급자의 자활을 돕기 위하여 다음의 급여를 행하는 것으로 한다(법 제15조 제1항). 즉, 자활에 필요한 금품의 지급 또는 대여, 자활에 필요한 근로능력의 향상 및 기능습득의 지원, 취업알선 등 정보의 제공, 자활을 위한 근로기회의 제공, 자활에 필요한 시설 및 장비의 대여, 창업교육·기능훈련 및 기술·경영지도 등 창업지원, 자활에 필요한 자산형성 지원, 그 밖에 대통령령으로 정하는 자활조성을 위한 각종 지원이다.

물음 10-3

국민기초생활 보장법에 의한 급여는 생계급여, 의료급여, _____, 교육급여, 해산급여, 장제급여, 자활급여 등 일곱 가지의 급여가 있다.

4) 전달체계 및 위원회

(1) 보장기관

보장기관이라 함은 이 법에 따른 급여를 실시하는 국가 또는 지방자치단체를 말한다(법 제2조 제4호). 그러나 실제로는 법에 의한 급여는 원칙적으로 수급권자 또는 수급자의 거주지를 관할하는 특별시장 · 광역시장 · 도지사 · 특별자치도지사와 시장 · 군수 · 구청장이 행한다(법 제19조 제1항).

(2) 보장시설

이 법에서 보장시설이라 함은 이 법상의 급여를 실시하는 「사회복지사업법」에 따른 사회복지시설(장애인 거주시설, 노인주거복지시설 및 노인의료복지시설, 아동복지시설 및 통합 시설, 정신요양시설 및 정신재활시설, 노숙인재활시설 및 노숙인요양시설, 한부모가족복지시설 등)로서 보건복지부령으로 정하는 시설을 말한다(법 제32조).

(3) 생활보장위원회

이 법에 따른 생활보장사업의 기획 · 조사 · 실시 등에 관한 사항을 심의 · 의결하기 위하여 보건복지부에 중앙생활보장위원회를, 특별시 · 광역시 · 도 및 시 · 군 · 구(자치구를 말한다)에 각각 생활보장위원회를 둔다(법 제20조). 중앙생활보장위원회는 기초생활보장 종합계획의 수립, 소득인정액 산정방식과 기준 중위소득의 결정, 급여의 종류별 수급자 선정기준과 최저보장수준의 결정, 급여기준의 적정성 등 평가 및 실태조사에 관한 사항 등을 심의 · 의결한다(법 제20조).

(4) 자활지원

수급자 및 차상위자의 자활촉진에 필요한 사업을 수행하기 위하여 법인인 한국자활복지개발원을 설립한다(법 제15조의2). 한편, 보장기관은 수급자 및 차상위자의 자활촉진에 필요한 사업을 수행하게 하기 위하여 시 · 도 단위의 광역자활센터로 지정할 수 있다(법 제15조의10).

보장기관은 수급자 및 차상위자의 자활촉진에 필요한 다음의 사업을 수행하게 하기 위하여 지역자활센터를 지정할 수 있다(법 제16조). 자활촉진에 필요한 사업은 다음과 같다. 즉, 자활의욕 고취를 위한 교육, 자활을 위한 정보 제공 · 상담 · 직업교육 및 취업 알선, 생업을 위한 자금융자 알선, 자영창업 지원 및 기술 · 경영 지도, 자활기업의 설립 · 운영 지원, 그 밖에 자활을 위한 각종 사업이다.

그리고 수급자 및 차상위자는 상호 협력하여 자활기업을 설립 · 운영할 수 있다. 이때 자활기업은 조합 또는 「부가가치세법」 상의 사업자로 한다(법 제18조).

5) 재정(비용)

이 법에서 보장비용은 보장 업무에 드는 인건비와 사무비, 생활
보장위원회의 운영에 드는 비용, 급여 실시 비용, 그 밖에 이 법에
의한 보장 업무에 드는 비용 등을 말한다(법 제42조). 보장비용의
부담은 국가, 시·도, 시·군·구가 각각 차등하여 분담한다(법
제43조). 그리고 지방자치단체의 조례에 따라 이 법에 따른 급여
범위 및 수준을 초과하여 급여를 실시하는 경우 그 초과 보장비용
은 해당 지방자치단체가 부담한다(법 제43조 제5항).

2. 의료급여법

「의료급여법」은 빈곤계층에게 소득보장과 함께 의료보장을 제
공하는 공공부조제도의 하나이다. 1977년 12월 31일 「의료보호
법」이 제정됨으로써 의료보호사업이 공공부조제도로서 정착할
수 있는 기틀이 마련되었고 수차례의 개정을 더 거쳤다. 1999년
9월 7일 「국민기초생활 보장법」 제정과 더불어 2001년 「의료급여
법」으로 명칭과 내용이 전부개정되어 시행되고 있다.

의료급여제도

1) 목적

「의료급여법」은 생활이 어려운 자에게 의료급여를 실시함으로
써 국민보건의 향상과 사회복지의 증진에 이바지함을 목적으로

한다(법 제1조). 목적에도 드러나듯이 「의료급여법」은 국민기초생활보장제도의 개념을 의료보장 측면에서 구체적으로 실현하고 있는 법이다.

2) 대상

수급권자라 함은 이 법에 따라 의료급여를 받을 수 있는 자격을 가진 사람을 말한다(법 제2조 제1호). 대상자는 단순히 「국민기초생활 보장법」 대상자와 동일한 것이 아니라 그 적용범위가 더 넓다. 그래서 2013년 개정으로 의료급여가 반드시 필요한 사람에게 제공될 수 있도록 다른 법령에 따라 수급권자가 되는 사람, 즉 이재민, 노숙인 등 수급권자 자격에 관한 기준을 보완하고, 수급권자의 소득·재산을 확인하는 등 수급권자의 인정 절차에 관한 규정을 마련하였다(법 제3조 제1항). 한편, 수급권자는 법 제3조 제3항의 규정에 의하여 1종수급권자와 2종수급권자로 구분한다(시행령 제3조 제1항). 이 법에 따른 수급권자는 다음과 같다.

1. 「국민기초생활 보장법」에 따른 의료급여 수급권자
2. 「재해구호법」에 따른 이재민으로서 보건복지부장관이 의료급여가 필요하다고 인정한 사람
3. 「의사상자 등 예우 및 지원에 관한 법률」에 따라 의료급여를 받는 사람
4. 「입양특례법」에 따라 국내에 입양된 18세 미만의 아동
5. 「독립유공자 예우에 관한 법률」 및 「국가유공자 등 예우 및 지

원에 관한 법률」 및 「보훈보상대상자 지원에 관한 법률」의 적
용을 받고 있는 사람과 그 가족으로서 국가보훈처장이 의료급
여가 필요하다고 추천한 사람 중에서 보건복지부장관이 의료
급여가 필요하다고 인정한 사람

6. 「무형문화재 보전 및 진흥에 관한 법률」에 따라 지정된 국가무
   형문화재의 보유자(명예보유자를 포함한다)와 그 가족으로서 문
   화재청장이 의료급여가 필요하다고 추천한 사람 중 보건복지
   부장관이 의료급여가 필요하다고 인정한 사람

7. 「북한이탈주민의 보호 및 정착지원에 관한 법률」의 적용을 받
   고 있는 사람과 그 가족으로서 보건복지부장관이 의료급여가
   필요하다고 인정한 사람

8. 「5·18민주화운동 관련자 보상 등에 관한 법률」 제8조에 따라
   보상금등을 받은 사람과 그 가족으로서 보건복지부장관이 의
   료급여가 필요하다고 인정한 사람

9. 「노숙인 등의 복지 및 자립지원에 관한 법률」에 따른 노숙인
   등으로서 보건복지부장관이 의료급여가 필요하다고 인정한
   사람

10. 그 밖에 생활유지 능력이 없거나 생활이 어려운 사람으로서
    대통령령이 정하는 사람

3) 급여

이 법에 따른 급여는 수급권자의 질병·부상·출산 등에 대한
진찰·검사, 약제·치료재료의 지급, 처치·수술과 그 밖의 치료,

예방·재활, 입원, 간호, 이송과 그 밖의 의료 목적 달성을 위한 조치이다(법 제7조).

의료급여 이용절차

　　의료급여 절차는 3단계를 거치게 되어 있다. 그래서 수급권자가 의료급여를 받고자 하는 경우에 우선적으로 제1차 의료급여기관에 신청을 해야 한다(시행규칙 제3조 제1항). 제1차 의료급여기관 진료 중 제2차 또는 제3차 의료급여기관 진료가 필요한 경우에는 진료담당의사가 발급한 의료급여의뢰서를 7일 이내에 해당 의료급여기관에 제출하여야 한다.

4) 전달체계 및 위원회

(1) 보장기관

　　「의료급여법」에 의한 의료급여에 관한 업무는 수급권자의 거주지를 관할하는 특별시장·광역시장·도지사와 시장·군수·구청장이 한다. 주거가 일정하지 아니한 수급권자에 대하여는 그가 실제 거주하는 지역을 관할하는 시장·군수·구청장이 한다(법 제5조).

물음 10-4

의료급여에 관한 업무는 수급권자의 _____를 관할하는 시장, 군수, 구청장이 행한다.

(2) 사례관리

　　보건복지부장관, 시·도지사 및 시장·군수·구청장은 수급권자의 건강관리 능력 향상 및 합리적 의료 이용 유도 등을 위하여 사례관리를 실시할 수 있다. 사례관리를 실시하기 위하여 시·도 및 시·군·구에 의료급여 관리사를 둔다(법 제5조의2). 의료급여 관리사는 「의료법」 제2조에 따른 의료인(보건복지부장관의 면허를 받은 의사·치과의사·한의사·조산사 및 간호사)으로서 같은 법 제3조에 따른 의료기관에서 2년 이상 근무한 경력을 가진 사람으로 한다. 배치는 시·도에 1명으로 하되, 관할 시·군·구의 수가 15개를 초과하는 경우 1명을 더 배치할 수 있다. 그리고 시·군·구에는 1명을 배치한다. 의료급여 관리사의 업무는 수급권자의 건강관리 능력 향상을 위한 교육 및 상담, 의료급여제도 안내 및 의료기관 이용 상담, 의사의 의료와 보건지도 및 약사의 복약지도에 대한 수급권자의 이행여부 모니터링 등 요양방법의 지도, 수급권자와 보장시설 등 보건복지자원과의 연계, 그 밖의 의료급여 관리에 필요한 사항으로서 보건복지부장관이 정하는 사항이다.

(3) 의료급여기관

법에서 정한 의료급여기관은 「의료법」에 따라 개설된 의료기관, 「지역보건법」에 따라 설치된 보건소·보건의료원 및 보건지소, 「농어촌 등 보건의료를 위한 특별조치법」에 따라 설치된 보건진료소, 「약사법」에 따라 개설등록된 약국 및 한국희귀·필수의약품센터 등이다(법 제9조).

의료급여기관은 1차, 2차, 3차로 구분하되 의료급여기관별 진료범위는 보건복지부령으로 정한다. 의료급여기관은 정당한 이유 없이 이 법에 의한 의료급여를 거부하지 못한다. 그리고 의료급여기관은 의료급여를 하기 전에 수급권자에게 본인부담금을 청구하거나 수급권자가 이 법에 따라 부담하여야 하는 비용과 비급여비용 외에 입원보조금 등 다른 명목의 비용을 청구하여서는 아니 된다(법 제11조의4).

5) 재정(비용)

급여비용은 대통령령이 정하는 바에 따라 그 전부 또는 일부를 제25조에 따른 의료급여기금에서 부담하되, 의료급여기금에서 일부를 부담하는 경우 그 나머지 비용은 본인이 부담한다(법 제10조). 의료급여에 대해 오해하는 부분 중 하나가 의료급여 수급자의 급여비용은 전부 국가가 지원하고 수급자는 돈을 내지 않는다고 생각하는 것이다. 그러나 법 제10조에도 나와 있듯이 의료급여 수급자의 의료비용 중 급여가 적용되는 부분(대부분 건강보험에서 급여가 적용되는 부분과 동일하다)만 의료급여기금에서 지원되고 본인부담금과 비급여 부분은 본인이 부담한다. 그래서 의료급여 2종 수급자의 경우, 본인부담이 많아서 건강보험 가입자와 거의 차이가 없이 의료비용을 내고 있다는 비판이 제기되고 있다.

의료급여기관은 의료급여기금에서 부담하는 급여비용의 지급을 시장·군수·구청장에게 청구할 수 있다(법 제11조). 그리고 급여비용의 재원에 충당하기 위하여 시·도에 의료급여기금(기금)을 설치한다. 기금은 국고보조금, 지방자치단체의 출연금, 대지급금(법 제21조에 의해 상환), 부당이득금(법 제23조에 의해 징수), 과징금(법 제29조의 규정에 의해 징수), 그리고 당해 기금의 결산상 잉여금 및 그 밖의 수입금으로 조성한다.

급여비용의 일부를 의료급여기금에서 부담하는 경우에 그 나머지 급여비용(보건복지부장관이 정한 금액으로 한정한다)은 수급권자 또는 그 부양의무자의 신청에 따라 의료급여기금에서 이를 대지급할 수 있다(법 제20조).

3. 기초연금법

「기초연금법」은 국가 재정의 지속 가능성을 확보하면서 노인세대를 위한 안정적인 공적연금제도를 마련하여, 65세 이상의 노인 중 소득기반이 취약한 70%의 노인에게 기초연금을 지급함으로써, 노인 빈곤 문제를 해소하고 노인의 생활안정과 복지 증진에 기여하려는 목적으로, 2014년 5월 20일 제정되어 7월 1일부터 시행되었다.

1) 목적

노인에게 기초연금을 지급하여 안정적인 소득기반을 제공함으로써 노인의 생활안정을 지원하고 복지를 증진함을 목적으로 한다(법 제1조).

2) 대상

기초연금은 65세 이상인 사람으로서 소득인정액이 보건복지부장관이 정하여 고시하는 금액(선정기준액) 이하인 사람에게 지급한다. 보건복지부장관은 선정기준액을 정하는 경우 65세 이상인 사람 중 기초연금 수급자가 100분의 70 수준이 되도록 한다. 이때 공무원, 사립학교교직원, 군인, 별정우체국직원 등 직역연금 수급 권자 및 그 배우자는 기초연금 수급대상에서 제외한다. 다만, 직역재직기간 10년 미만인 연계연금[1] 수급권자는 기초연금 수급이 가능하고, 장해보상금, 유족연금일시금, 유족일시금을 받은 이후 5년이 경과한 경우 기초연금 수급대상에 포함한다(법 제3조).

물음 10-5

보건복지부장관은 기초연금 수급권자를 정하는 경우 65세 이상의 사람이 100분의 _____ 수준이 되도록 한다.

기초연금 신청

  선정기준액은 65세 이상인 사람 및 그 배우자(노인가구)의 소득·재산 수준과 생활실태, 물가상승률 등을 고려하여 산정한다. 배우자가 있는 노인가구의 선정기준액은 배우자가 없는 노인가구의 선정기준액에 100분의 160을 곱한 금액으로 한다. 해당연도 선정기준액은 전년도 12월 31일까지 보건복지부장관이 결정·고시하고, 1월 1일부터 12월 31일까지 적용한다. 보건복지부장관은 선정기준액을 정할 때 기획재정부장관 등 관계 중앙행정기관의 장과 협의하여야 한다(시행령 제4조).

---

1) 「국민연금과 직역연금의 연계에 관한 법률」에 따른 연계노령연금, 연계노령유족연금, 연계퇴직연금, 연계퇴직유족연금 등

3) 연금액

기초연금 수급권자에 대한 기초연금의 금액(기초연금액)은 기준연금액과 국민연금 급여액 등을 고려하여 산정한다(법 제5조). 즉, 개인별 기초연금액을 산정한 뒤 감액(부부감액, 소득역전방지감액)하고 최종적으로 개인별 기초연금 급여액이 결정된다.

(1) 기초연금액 산정

기초연금액은 기준연금액에서 국민연금액(A 급여액) 등을 감액하여 산정하므로 기초연금 수급권자에게 산정되는 최대 금액이다. 기준연금액은 보건복지부장관이 그 전년도의 기준연금액에 대통령령으로 정하는 바에 따라 전국소비자물가변동률(「통계법」제3조에 따라 통계청장이 매년 고시하는 전국소비자물가변동률을 말한다)을 반영하여 매년 고시한다.

기초연금액은 크게 세 가지의 대상 유형으로 산정된다(보건복지부, 2020: 5-6). 첫째, 기준연금이 기초연금액으로 산정되는 대상은, 우선 무연금자, 국민연금 유족연금·장애연금 수급권자, 연계노령유족연금 수급권자 등(국민연금 노령연금·연계노령연금 수급권자가 아닌 사람)이다. 그다음 국민연금 급여액(국민연금 수급권자 및 연계노령연금 수급권자가 매월 지급받을 수 있는 급여액 중 부양가족연금액을 제외한 금액) 등이 기준연금액의 150% 이하인 사람이며, 마지막으로 장애인연금, 국민기초생활보장 수급권자이다.

둘째, 기준연금액이 기초연금액으로 되는 산정 대상에 해당되지 않는 경우에는 소득재분배 급여(A 급여)에 따른 산식에 따라 산정한다. 그래서 (기준연금액−2/3×A 급여액)＋부가연금액으로 계산되며 만약 이러한 산식으로 계산한 금액과 기준연금액의 250%에서 국민연금 급여액 등(부양가족연금액을 제외한 금액)을 차감한 금액을 비교하여 둘 중 큰 금액을 기초연금액으로 산정한다.

셋째, 직역연금특례대상자의 기초연금액은 기준연금액의 50%를 산정한다.

(2) 기초연금액 감액

산정된 기초연금액은 가구 유형, 소득인정액 수준에 따라 감액될 수 있다(법 제8조). 유형은 크게 두 가지로 먼저 부부감액이 있는데, 단독가구와 부부가구의 생활비 차이를 감안하여 부부가 모두 기초연금 수급권자인 경우 각각의 기초연금액에서 20%를 감액한다. 두 번째는 소득역전방지 감액으로 이것은 소득역전을 방지하기 위한 것이다. 즉, 기초연금을 받는 사람과 못 받는 사람 간에 기초연금 수급으로 인해 발생할 수 있는 소득역전을 최소화하기 위해 소득인정액이 선정기준액을 초과하는 범위에서 기초연금액의 일부를 감액한다. 대상은 소득인정액과 기초연금을 합산한 금액이 선정기준액을 초과하는 가구[선정기준액＜(소득인정액＋기초연금액)]이다.

4) 전달체계

국가와 지방자치단체는 기초연금이 제1조의 목적에 따라 노인의 생활안정을 지원하고 복지를 증진하는 데 필요한 수준이 되도

록 최대한 노력하여야 한다. 국가와 지방자치단체는 필요한 비용
을 부담할 수 있도록 재원(財源)을 조성하여야 한다(법 제4조).

　보건복지부장관 또는 시장·군수·구청장은 기초연금사업의
원활한 수행을 위하여 업무를 「국민연금법」 제24조에 따른 국민
연금공단에 위탁할 수 있다(법 제28조 제2항).

5) 재정(비용)

　기초연금에 소요되는 비용의 분담은 다음과 같다(법 제25조). 국
가는 지방자치단체의 노인인구 비율 및 재정 여건 등을 고려하여
기초연금의 지급에 드는 비용 중 100분의 40 이상 100분의 90 이
하의 범위에서 대통령령으로 정하는 비율에 해당하는 비용을 부
담한다. 국가가 부담하는 비용을 뺀 비용은 시·도와 시·군·구
가 상호 분담한다. 이 경우, 그 부담비율은 노인인구 비율 및 재정
여건 등을 고려하여 보건복지부장관과 협의하여 시·도의 조례
및 시·군·구의 조례로 정한다.

4. 장애인연금법

1) 목적

　「장애인연금법」은 18세 이상의 중증장애인으로서 소득인정액
이 일정 수준 이하인 자에게 매월 일정액의 무기여(無寄與) 연금

을 지급하는 장애인연금 제도를 도입하여 중증장애인에 대한 사회보장 사각지대를 해소하고 사회통합을 강화하려는 목적을 가지고, 2010년 4월 12일 제정되어 같은 해 7월 1일부터 시행되었다. 연금이라고 명칭되어 있으나 사회보험이 아니라 소득조사를 통해 저소득 장애인에게 지급되는 공공부조의 한 종류이다.

2) 대상

"중증장애인"이란 「장애인복지법」 제32조에 따라 등록한 장애인 중 근로능력이 상실되거나 현저하게 감소되는 등 장애 정도가 중증인 사람으로서 대통령령으로 정하는 사람을 말한다(법 제2조).
수급권자의 범위(법 제4조 및 부칙 제4조)는 18세 이상의 중증장애인으로서 해당 장애인의 소득 및 재산을 환산한 소득인정액이 보건복지부장관이 정하여 고시하는 금액 이하인 사람으로 한다. 보건복지부장관은 선정기준을 정할 때 18세 이상 중증장애인 중 수급자가 100분의 70 수준이 되도록 한다.

물음 10-6

장애인연금법의 대상은 해당 장애인의 소득 및 재산을 환산한 _____ 이 보건복지부장관이 정하여 고시하는 금액 이하인 장애인으로 한다.

3) 급여

장애인연금의 종류로는 기초급여[근로능력의 상실 또는 현저한 감소로 인하여 줄어드는 소득을 보전(補塡)하여 주기 위하여 지급하는 급

예와 부가급여(장애로 인하여 추가로 드는 비용의 전부 또는 일부를 보전하여 주기 위하여 지급하는 급여)가 있다(법 제5조). 기초급여액은 보건복지부장관이 그 전년도 기초급여액에 대통령령으로 정하는 바에 따라 전국소비자물가변동률(「통계법」 제3조에 따라 통계청장이 매년 고시하는 전국소비자물가변동률을 말한다)을 반영하여 매년 고시한다. 이때 보건복지부장관이 「기초연금법」에 따라 전국소비자물가상승률 등을 고려하여 조정한 기준연금액을 고시한 경우에는 그 기준연금액을 장애인연금의 기초급여액으로 한다(법 제6조). 부가급여액은 월정액으로 하며, 수급권자와 그 배우자의 소득 수준 및 장애로 인한 추가비용 등을 고려하여 대통령령으로 정한다(법 제7조).

핵심 정리

「국민기초생활 보장법」은 생활이 어려운 사람에게 필요한 급여를 실시하여 이들의 최저생활을 보장하고 자활을 돕는 것을 목적으로 한다. 급여는 수급자가 자신의 생활의 유지·향상을 위하여 그의 소득, 재산, 근로능력 등을 활용하여 최대한 노력하는 것을 전제로 이를 보충, 발전시키는 것을 기본원칙으로 한다. 이 법에 의한 급여는 생계급여, 주거급여, 의료급여, 교육급여, 해산급여, 장제급여, 자활급여 등 일곱 가지가 있다.

「의료급여법」은 생활이 어려운 사람에게 의료급여를 실시함으로써 국민보건의 향상과 사회복지의 증진에 이바지함을 목적으로 한다. 모법인 「국민기초생활 보장법」에는 사라진 1종과 2종의 구분이 여전히 남아 있다는 문제가 있다.

「기초연금법」은 노인에게 기초연금을 지급하여 안정적인 소득기반을 제공함으로써 노인의 생활안정을 지원하고 복지를 증진함을 목적으로 한다.

「장애인연금법」은 18세 이상의 중증장애인으로서 소득인정액이 일정 수준 이하인 자에게 매월 일정액의 무기여 연금을 지급하는 장애인연금 제도를 도입하여 중증장애인에 대한 사회보장 사각지대를 해소하고 사회통합을 강화하려는 목적으로 만들어졌다.

물음에 대한 답

10-1. 부양의무자는 수급권자를 부양할 책임이 있는 자로서 수급권자의 1촌 이내의 직계혈족 및 그 배우자를 말한다.

10-2. 보장기관은 급여를 개별가구를 단위로 하여 실시하되, 특히 필요하다고 인정하는 경우에는 개인 단위로 실시할 수 있다.

10-3. 국민기초생활 보장법에 의한 급여는 생계급여, 의료급여, 주거급여, 교육급여, 해산급여, 장제급여, 자활급여 등 일곱 가지의 급여가 있다.

10-4. 의료급여에 관한 업무는 수급권자의 거주지를 관할하는 시장, 군수, 구청장이 행한다.

10-5. 보건복지부장관은 기초연금 수급권자를 정하는 경우 65세 이상의 사람이 100분의 70 수준이 되도록 한다.

10-6. 장애인연금법의 대상은 해당 장애인의 소득 및 재산을 환산한 소득인정액이 보건복지부장관이 정하여 고시하는 금액 이하인 장애인으로 한다.

11장

사회복지사업법

해방과 한국전쟁 이후 우후죽순처럼 도입된 사회복지서비스
는 근거법령도 없이 이루어지고 있었다. 물론 개별 법률로서 「생
활보호법」(1961년), 「아동복리법」(1961년), 「윤락행위 등 방지법」
(1961년) 등이 제정ㆍ시행되고 있었으나 전체적인 서비스를 체계
적으로 정비하여 효과적으로 사회복지사업을 시행하기 위한 법
적 근거의 필요성이 제기되었다. 이러한 필요에 따라 「사회복지
사업법」이 1970년 1월 1일에 공포ㆍ시행되었고, 사회 변화에 따
른 사회복지 욕구에 대응하여 여러 차례에 걸쳐 개정되었다. 「사
회복지사업법」은 모든 국민이 인간다운 생활을 할 권리를 규정한
「헌법」 제34조 제1항과 국가의 사회보장ㆍ사회복지의 증진에 노
력할 책임을 규정한 같은 조 제2항을 구체화하는 법률이며, 각종
사회복지서비스 분야에 관한 입법들의 일반법이자 기본법으로서
의의를 갖는다(윤찬영, 2010: 487).

1. 목적

1) 목적

「사회복지사업법」은 사회복지사업에 관한 기본적 사항을 규정
하여 사회복지를 필요로 하는 사람에 대하여 인간의 존엄성과 인
간다운 생활을 할 권리를 보장하고 사회복지의 전문성을 높이며,
사회복지사업의 공정·투명·적정을 도모하고, 지역사회복지의
체계를 구축하고 사회복지서비스의 질을 높여 사회복지의 증진
에 이바지함을 목적으로 한다(법 제1조).

2) 기본 이념

사회복지를 필요로 하는 사람은 누구든지 자신의 의사에 따라
서비스를 신청하고 제공받을 수 있다. 사회복지법인 및 사회복지
시설은 공공성을 가지며 사회복지사업을 시행하는 데 있어서 공
공성을 확보하여야 한다. 사회복지사업을 시행하는 데 있어서 사
회복지를 제공하는 자는 사회복지를 필요로 하는 사람의 인권을
보장하여야 한다. 그리고 사회복지서비스를 제공하는 자는 필요
한 정보를 제공하는 등 사회복지서비스를 이용하는 사람의 선택
권을 보장하여야 한다(법 제1조의2).

2. 대상 및 정의

1) 대상

「사회복지사업법」의 대상은 사회복지를 필요로 하는 사람으로
규정하고 있다(법 제1조 및 제33조의2 제1항). 또한 법 제2조 제1호
각 목의 법률[1]에 의해 급여 및 서비스를 받는 사람들로 볼 수도
있다. 사회복지사업의 내용 및 절차 등에 관하여 제2조 제1호 각
목의 법률에 특별한 규정이 있는 경우를 제외하고는 이 법에서 정
하는 바에 따른다. 제2조 제1호 각 목의 법률을 개정하는 경우에

---

1) 「국민기초생활 보장법」, 「아동복지법」, 「노인복지법」, 「장애인복지법」,
「한부모가족지원법」, 「영유아보육법」, 「성매매방지 및 피해자보호 등에
관한 법률」, 「정신건강증진 및 정신질환자 복지서비스 지원에 관한 법
률」, 「성폭력방지 및 피해자보호 등에 관한 법률」, 「입양특례법」, 「일제
하 일본군위안부 피해자에 대한 생활안정지원 및 기념사업 등에 관한 법
률」, 「사회복지공동모금회법」, 「장애인·노인·임산부 등의 편의증진 보
장에 관한 법률」, 「가정폭력방지 및 피해자보호 등에 관한 법률」, 「농어
촌주민의 보건복지증진을 위한 특별법」, 「식품등 기부 활성화에 관한 법
률」, 「의료급여법」, 「기초연금법」, 「긴급복지지원법」, 「다문화가족지원법」,
「장애인연금법」, 「장애인활동 지원에 관한 법률」, 「노숙인 등의 복지 및
자립지원에 관한 법률」, 「보호관찰 등에 관한 법률」, 「장애아동 복지지원
법」, 「발달장애인 권리보장 및 지원에 관한 법률」, 「청소년복지 지원법」,
그 밖에 대통령령으로 정하는 법률(시행령 제1조의2 「건강가정기본법」,
「북한이탈주민의 보호 및 정착지원에 관한 법률」, 「자살예방 및 생명존중
문화 조성을 위한 법률」, 「장애인·노인 등을 위한 보조기기 지원 및 활
용촉진에 관한 법률」)

는 이 법에 부합하도록 하여야 한다(법 제3조). 그러므로 이 법은 사회복지서비스의 일반적인 내용을 담은 법률로서 각 목의 법률은 특별법으로 세부내용은 그 법률을 적용한다. 그리고 각 목의 법률은 계속 추가되거나 삭제될 수 있다.

2) 정의

이 법에 따른 정의는 다음과 같다(법 제2조).

"사회복지사업"이란 법 제2조 제1호 각 목의 법률에 따른 보호·선도(善導) 또는 복지에 관한 사업과 사회복지상담, 직업지원, 무료 숙박, 지역사회복지, 의료복지, 재가복지(在家福祉), 사회복지관 운영, 정신질환자 및 한센병력자의 사회복귀에 관한 사업 등 각종 복지사업과 이와 관련된 자원봉사활동 및 복지시설의 운영 또는 지원을 목적으로 하는 사업을 말한다(제1호). 그리고 "지역사회복지"란 주민의 복지 증진과 삶의 질 향상을 위하여 지역사회 차원에서 전개하는 사회복지를 말한다(제2호). "사회복지법인"이란 사회복지사업을 할 목적으로 설립된 법인을 말하며(제3호), "사회복지시설"이란 사회복지사업을 할 목적으로 설치된 시설을 말한다. "사회복지관"이란 지역사회를 기반으로 일정한 시설과 전문인력을 갖추고 지역주민의 참여와 협력을 통하여 지역사회의 복지 문제를 예방하고 해결하기 위하여 종합적인 복지서비스를 제공하는 시설을 말한다(제4호). 그리고 "사회복지서비스"란 국가·지방자치단체 및 민간부문의 도움을 필요로 하는 모든 국민에게 「사회보장기본법」 제3조 제4호에 따른 사회서비스 중 사회복지사업을 통한 서비스를 제공하여 삶의 질이 향상되도록 제도적으로 지원하는 것을 말한다(제5호).

3. 기본원칙

1) 국가 및 지방자치단체의 책임

국가와 지방자치단체는 사회복지서비스를 증진하고, 서비스를 이용하는 사람에 대하여 인권침해를 예방하고, 차별을 금지하며, 인권을 옹호할 책임을 진다(법 제4조). 그리고 사회복지를 필요로 하는 사람의 인권이 충분히 존중되는 방식으로 사회복지서비스를 제공하고 사회복지와 관련된 인권교육을 강화하여야 한다. 또한 사회복지서비스를 이용하는 사람이 긴급한 인권침해 상황에 놓인 경우 신속히 대응할 체계를 갖추어야 한다. 마지막으로, 사회복지서비스를 제공하는 자로부터 위법 또는 부당한 처분을 받아 권리나 이익을 침해당한 사람을 위하여 간이하고 신속한 구제조치를 마련하여야 한다.

2) 종사자의 인권 존중 및 최대 봉사 원칙

이 법에 따라 복지 업무에 종사하는 사람은 그 업무를 수행할 때에 사회복지를 필요로 하는 사람을 위하여 인권을 존중하고 차별 없이 최대로 봉사하여야 한다. 국가와 지방자치단체는 복지업

무에 종사하는 사람이 그 업무를 수행할 때에 사회복지를 필요로
하는 사람의 인권을 침해하는 행위를 한 경우에는 제2조 제1호
각 목의 법률이 정하는 바에 따라 처분하고 그 사실을 공표하는
등의 조치를 하여야 한다(법 제5조).

　사회복지서비스 제공의 원칙은 다음과 같다(법 제5조의2). 사회
복지서비스를 필요로 하는 사람(보호대상자)에 대한 사회복지서비
스 제공(서비스 제공)은 현물(現物)로 제공하는 것을 원칙으로 한
다. 시장·군수·구청장은 국가 또는 지방자치단체 외의 자로 하여
금 서비스 제공을 실시하게 하는 경우에는 보호대상자에게 사회복
지서비스 이용권(이용권)을 지급하여 국가 또는 지방자치단체 외
의 자로부터 그 이용권으로 서비스 제공을 받게 할 수 있다.

물음 11-1

보호대상자에 대한 사회복지서비스 제공은 _____로 제공함을 원칙으로 한다.

3) 시설 설치의 방해 금지

　누구든지 정당한 이유 없이 사회복지시설의 설치를 방해하여서
는 아니 된다(법 제6조). 이는 일반 국민들의 책임에 해당되는 것
으로 님비현상, 지역이기주의 등에 의해 사회복지시설의 설치가
방해받는 것을 막기 위한 조항이다. 또한 시장·군수·구청장은
정당한 이유 없이 사회복지시설의 설치를 지연시키거나 제한하
는 조치를 하여서는 아니 된다.

4) 사회복지 업무의 전자화

보건복지부장관은 사회복지법인 및 사회복지시설의 종사자, 거주자 및 이용자에 관한 자료 등 운영에 필요한 정보의 효율적 처리와 기록 · 관리 업무의 전자화를 위하여 정보시스템을 구축 · 운영할 수 있다(법 제6조의2).

5) 재가복지서비스

국가나 지방자치단체는 보호대상자가 다음에 해당하는 재가복지서비스를 제공받도록 할 수 있다(법 제41조의2 제1항). 즉, 가정봉사서비스(가사 및 개인활동을 지원하거나 정서활동을 지원하는 서비스), 주간 · 단기보호서비스(주간 · 단기보호시설에서 급식 및 치료 등 일상생활의 편의를 낮 동안 또는 단기간 동안 제공하거나 가족에 대한 교육 및 상담을 지원하는 서비스) 등이다. 그리고 시장 · 군수 · 구청장은 보호대상자별 서비스 제공 계획에 따라 보호대상자에게 사회복지서비스를 제공하는 경우, 시설에의 입소에 우선하여 재가복지서비스를 제공하도록 하여야 한다.

물음 11-2

시장 · 군수 · 구청장은 보호대상자에게 사회복지서비스를 제공하는 경우 시설 입소에 우선하여 _____를 우선적으로 제공하여야 한다.

4. 전달체계

1) 사회복지사

⬛ 학교사회복지
실천 사례

보건복지부장관은 사회복지에 관한 전문 지식과 기술을 가진 사람에게 사회복지사 자격증을 발급할 수 있다. 사회복지사의 등급은 1·2급으로 하되, 영역별로 정신건강사회복지사·의료사회복지사·학교사회복지사의 자격을 부여할 수 있다. 사회복지사 1급 자격은 국가시험에 합격한 사람에게 부여하고, 정신건강사회복지사·의료사회복지사·학교사회복지사의 자격은 1급 사회복지사의 자격이 있는 사람 중에서 보건복지부령으로 정하는 수련기관에서 수련을 받은 사람에게 부여한다. 사회복지사의 등급별·영역별 자격기준 및 자격증의 발급절차 등은 대통령령으로 정한다(법 제11조).

사회복지사의 자격취소 및 정지와 관련된 내용은 다음과 같다(법 제11조의3). 보건복지부장관은 사회복지사가 다음의 어느 하나에 해당하는 경우 그 자격을 취소하여야 한다. 즉, 거짓이나 그 밖의 부정한 방법으로 자격을 취득한 경우, 결격사유(법 제11조의2)에 해당하게 된 경우, 자격증을 대여·양도 또는 위조·변조한 경우이다. 그리고 자격취소나 1년의 범위에서 정지시킬 수 있는 경우는 다음과 같다. 즉, 사회복지사의 업무수행 중 그 자격과 관련하여 고의나 중대한 과실로 다른 사람에게 손해를 입힌 경우, 자격정지 처분을 3회 이상 받았거나, 정지 기간 종료 후 3년 이내에 다시 자격정지 처분에 해당하는 행위를 한 경우, 자격정지 처분 기간에 자격증을 사용하여 자격 관련 업무를 수행한 경우이다. 이에 따라 자격이 취소된 사람은 취소된 날부터 15일 내에 자격증을 보건복지부장관에게 반납하여야 한다. 보건복지부장관은 자격이 취소된 사람에게는 그 취소된 날부터 2년 이내에 자격증을 재교부하지 못한다.

물음 11-3

사회복지사 자격취소 사항에 해당되는 경우 보건복지부장관이 자격을 취소하거나 _____년 범위에서 정지시킬 수 있다.

  사회복지법인 및 사회복지시설을 설치·운영하는 자는 대통령령으로 정하는 바에 의하여 사회복지사를 그 종사자로 채용하고, 시·도지사 또는 시장·군수·구청장에게 사회복지사의 임면에 관한 사항을 보고하여야만 한다(법 제13조).

  보건복지부장관은 사회복지사의 자질 향상을 위하여 필요하다고 인정하면 사회복지사에 대하여 교육받을 것을 명할 수 있다. 사회복지법인 또는 사회복지시설에 종사하는 사회복지사는 정기적으로 인권에 관한 내용이 포함된 보수교육을 받아야 한다. 사회복지법인 또는 사회복지시설을 운영하는 자는 그 법인 또는 시설에 종사하는 사회복지사에 대하여 교육을 이유로 불리한 처분을 하여서는 아니 된다(법 제13조 제2항부터 제5항).

  사회복지사는 사회복지에 관한 전문 지식과 기술을 개발·보급하고 사회복지사의 자질 향상을 위한 교육훈련을 실시하며 사회복지사의 복지 증진을 도모하기 위하여 한국사회복지사협회를 설립한다(법 제46조).

▣ 한국사회복지사협회 50년

2) 사회복지법인

사회복지법인은 기본적으로 재단법인에 속하며, 이 법에 규정된 내용을 제외하고는 「민법」과 「공익법인의 설립·운영에 관한 법률」을 준용한다(법 제32조). 이 법에 따른 사회복지법인이 아닌 자는 사회복지법인이라는 명칭을 사용하지 못한다(법 제31조).

(1) 법인의 설립허가

사회복지법인(법인)을 설립하려는 자는 대통령령이 정하는 바에 따라 시·도지사의 허가를 받아야 하며, 설립된 법인은 주된 사무소의 소재지에서 설립등기를 하여야 한다(법 제16조).

(2) 정관

법인의 정관에는 다음의 사항이 포함되어야 하며, 정관 변경 시 시·도지사의 인가를 받아야 한다(법 제17조). 포함되어야 하는 사항은 목적, 명칭, 주된 사무소의 소재지, 사업의 종류, 자산 및 회계에 관한 사항, 임원의 임면(任免) 등에 관한 사항, 회의에 관한 사항, 수익(收益)을 목적으로 하는 사업이 있는 경우 그에 관한 사항, 정관의 변경에 관한 사항, 존립시기와 해산 사유를 정한 경우에는 그 시기와 사유 및 남은 재산의 처리방법, 공고 및 공고방법에 관한 사항이다.

(3) 임원

법인은 대표이사를 포함한 이사 7명 이상과 감사 2명 이상을 두어야 한다(법 제18조). 이사회의 구성에 있어서 대통령령이 정하는 특별한 관계에 있는 사람이 이사현원의 5분의 1을 초과할 수 없다. 이사의 임기는 3년으로 하고 감사의 임기는 2년으로 하되, 각각 연임할 수 있다. 외국인인 이사는 이사현원의 2분의 1 미만이어야 한다. 법인은 임원을 임면하는 경우에는 보건복지부령이 정하는 바에 의하여 지체 없이 이를 시·도지사에게 보고하여야 한다. 감사는 이사와 마찬가지로 대통령이 정하는 특별한 관계에 있는 사람이 아니어야 하며, 감사 중 1명은 법률 또는 회계에 관한 지식이 있는 사람 중에서 선임하여야 한다. 다만, 대통령령으로 정하는 일정 규모 이상의 법인은 시·도지사의 추천을 받아 「주식회사 등의 외부감사에 관한 법률」 제2조 제7호에 따른 감사인에 속한 사람을 감사로 선임하여야 한다.

물음 11-4

사회복지법인은 대표이사를 포함한 이사 ＿＿＿명과 감사 2명 이상을 두어야 한다.

물음 11-5

이사회의 구성에 있어서 특별한 관계에 있는 사람이 이사 현원의 ＿＿＿분의 1을 초과할 수 없다.

　법인은 이사 정수의 3분의 1(소수점 이하는 버린다) 이상을 시·도 사회복지위원회 또는 지역사회보장협의체가 3배수로 추천한 사람들 중에서 선임하도록 하여야 한다. 그리고 누구든지 임원의 선임과 관련하여 금품, 향응 또는 그 밖의 재산상 이익을 주고받거나 주고받을 것을 약속하여서는 아니 된다(법 제18조의2). 이사 또는 감사 중에 결원이 생겼을 때에는 2개월 이내에 보충하여야 한다(법 제20조).

사회복지법인의 임원이 인권침해 등 현저한 불법행위를 한 경우 시·도지사가 해임 명령을 할 수 있는데, 시정할 수 없는 것이 명백하거나 회계부정, 횡령, 뇌물수수 등 비리의 정도가 중대한 경우에는 시정요구 없이 임원의 해임을 명할 수 있다(법 제22조). 그리고 임원이 불법행위 등에 대하여 조사나 감사 중에 있는 경우 및 해임명령 기간 중인 경우에는 시·도지사가 해당 임원의 직무집행을 정지시킬 수 있도록 하고, 직무정지 사유가 종료되면 즉시 직무정지명령을 해제하도록 하였다(법 제22조의2). 또한 사회복지법인 및 시설의 운영을 개선하기 위하여 이사회 회의록 작성을 의무화하고 회의록을 공개하도록 하였다(법 제25조). 회의록에는 개의, 회의 중지 및 산회 일시, 안건, 의사, 출석한 임원의 성명, 표결 수, 그 밖에 대표이사가 작성할 필요가 있다고 인정하는 사항 등의 사항이 기재되어야 한다.

(4) 재산 등

법인은 사회복지사업의 운영에 필요한 재산을 소유하여야 하며, 법인의 재산은 보건복지부령이 정하는 바에 따라 기본재산과 보통재산으로 구분하며, 기본재산은 그 목록과 가액(價額)을 정관에 기재하여야 한다(법 제23조 제1항 및 제2항).

법인은 기본재산에 관하여 매도·증여·교환·임대·담보 제공 또는 용도변경을 하려는 경우와 보건복지부령으로 정하는 금액 이상을 1년 이상 장기차입(長期借入)하려는 경우에는 시·도지사의 허가를 받아야 한다(법 제23조 제3항).

(5) 설립허가의 취소

시·도지사는 법인이 다음의 어느 하나에 해당할 때에는 기간을 정하여 시정명령을 하거나 설립허가를 취소할 수 있다. 즉, 설립허가 조건을 위반하였을 때, 목적 달성이 불가능하게 되었을 때, 목적사업 외의 사업을 하였을 때, 정당한 사유 없이 설립허가를 받은 날부터 6개월 이내에 목적사업을 시작하지 아니하거나 1년 이상 사업실적이 없을 때, 법인이 운영하는 시설에서 반복적 또는 집단적 성폭력범죄 및 학대관련범죄가 발생한 때, 임원정수(법 제18조 제1항)를 위반한 때, 외부추천 이사를 위반하여 이사를 선임한 때, 법 제22조에 따른 임원의 해임 명령을 이행하지 아니한 때, 그 밖에 이 법 또는 이 법에 따른 명령이나 정관을 위반하였을 때 등이다. 한편, 거짓이나 그 밖의 부정한 방법으로 설립허가를 받았을 때와 법인 설립 후 기본재산을 출연하지 아니한 때는 설립허가를 취소하여야 한다(법 제26조 제1항).

(6) 사회복지협의회

사회복지에 관한 조사·연구를 하고 각종 복지사업을 조성하기 위하여 전국 단위의 한국사회복지협의회(중앙협의회)와 시·도 단위의 사회복지협의회(시·도협의회)를 두며, 필요한 경우에는 시·군·구 단위의 사회복지협의회(시·군·구협의회)를 둘 수 있다(법 제33조). 지역사회보장협의체가 민·관으로 구성되었다면 사회복지협의회는 민간만으로 구성되었으며 이 둘의 성격은 분명히 다르다.

3) 사회복지시설

(1) 시설의 설치

국가나 지방자치단체는 사회복지시설(시설)을 설치·운영할 수 있으며, 국가 또는 지방자치단체 외의 자가 시설을 설치·운영하고자 하는 때에는 보건복지부령이 정하는 바에 의하여 시장·군수·구청장에게 신고하여야 한다(법 제34조). 시설을 설치·운영하는 자는 보건복지부령으로 정하는 재무·회계에 관한 기준에 따라 시설을 투명하게 운영하여야 한다.

국가나 지방자치단체가 설치한 시설은 필요한 경우 사회복지법인이나 비영리법인에 위탁하여 운영하게 할 수 있으며 이에 따른 위탁 운영의 기준·기간 및 방법 등에 관하여 필요한 사항은 보건복지부령으로 정한다(법 제34조).

사회복지시설 중 사회복지관은 지역사회의 특성과 지역주민의 복지 욕구를 고려하여 서비스 제공 등 지역복지 증진을 위한 사업을 실시할 수 있다. 사회복지관은 모든 지역주민을 대상으로 사회복지서비스를 실시하되, 다음에 해당하는 지역주민에게 우선 제공하여야 한다. 즉, 「국민기초생활 보장법」에 따른 수급자 및 차상위계층, 장애인, 노인, 한부모가족 및 다문화가족, 직업 및 취업 알선이 필요한 사람, 보호와 교육이 필요한 유아·아동 및 청소년, 그 밖에 사회복지관의 사회복지서비스를 우선 제공할 필요가 있다고 인정되는 사람이다.

(2) 시설의 운영

① 시설장과 종사자

시설의 장은 상근하여야 하며, 시설장이 될 수 없는 사람 중 퇴직 공무원과 관련된 부분은 다음과 같다(법 제35조). 사회복지분야의 6급 이상 공무원으로 재직하다 퇴직한 지 3년이 경과하지 아니한 사람 중에서 퇴직 전 5년 동안 소속하였던 기초자치단체가 관할하는 시설의 장이 될 수 없다.

종사자와 관련된 규정은 다음과 같다(법 제35조의2). 사회복지법인과 사회복지시설을 설치·운영하는 자는 시설에 근무할 종사자를 채용할 수 있다. 그러나 종사자로 재직하는 동안 시설이용자를 대상으로 성폭력범죄 및 아동·청소년대상 성범죄를 저질러 금고 이상의 형 또는 치료감호를 선고받고 그 형이 확정된 사람은 종사자가 될 수 없다.

그리고 다음과 같이 종사자 채용 시 준수사항이 있다(법 제35조의3). 사회복지법인과 사회복지시설을 설치·운영하는 자는 해당 법인 또는 시설의 종사자를 채용할 때 정당한 사유 없이 채용광고의 내용을 종사자가 되려는 사람에게 불리하게 변경하여 채용하여서는 아니 된다. 또한 종사자를 채용한 후에 정당한 사유 없이 채용광고에서 제시한 근로조건을 종사자에게 불리하게 변경하여 적용하여서는 아니 된다.

② 운영위원회

시설의 장은 시설의 운영에 관한 사항을 심의하기 위하여 시설에 운영위원회를 두어야 한다(법 제36조). 심의하는 사항은 시설 운영계획의 수립·평가에 관한 사항, 사회복지프로그램의 개발·평가에 관한 사항, 시설 종사자의 근무환경 개선에 관한 사항, 시설 거주자의 생활환경 개선 및 고충 처리 등에 관한 사항, 시설 종사자와 거주자의 인권보호 및 권익증진에 관한 사항, 시설과 지역사회의 협력에 관한 사항, 그 밖에 시설의 장이 운영위원회의 회의에 부치는 사항이다. 운영위원회는 시설과 지역사회를 연계시키며 지역주민을 시설 운영에 참여하게 함으로써 시설의 개방화와 민주적 운영을 지원하는 중요한 역할을 한다.

운영위원회의 위원은 시설의 장, 시설 거주자 대표, 시설 거주자의 보호자 대표, 시설 종사자의 대표, 해당 시·군·구 소속의 사회복지업무를 담당하는 공무원, 후원자 대표 또는 지역주민, 공익단체에서 추천한 사람, 그 밖에 시설의 운영 또는 사회복지에 관하여 전문적인 지식과 경험이 풍부한 사람 중에서 관할 시장·군수·구청장이 임명하거나 위촉한다. 그리고 시설의 장은 시설의 회계 및 예산·결산에 관한 사항, 후원금 조성 및 집행에 관한 사항, 그 밖에 시설 운영과 관련된 사건·사고에 관한 사항을 운영위원회에 보고하여야 한다.

③ 서류비치

시설의 장은 후원금품대장 등 보건복지부령이 정하는 서류를 시설 내에 비치하여야 한다(법 제37조). 이에 따라 시설에 비치하여야 할 서류는 다음과 같다(시행규칙 제25조). 즉, 법인의 정관(법인에 한한다), 법인설립허가증사본(법인에 한한다), 사회복지시설

신고증, 시설거주자 및 퇴소자의 명부, 시설거주자 및 퇴소자의 상담기록부, 시설의 운영계획서 및 예산·결산서, 후원금품대장, 시설의 건축물관리대장, 시설의 장과 종사자의 명부 등이다.

(3) 시설의 서비스 최저기준과 평가

보건복지부장관은 시설에서 제공하는 서비스의 최저기준을 마련하여야 하며, 시설 운영자는 서비스 최저기준 이상으로 서비스 수준을 유지하여야 한다. 서비스 기준 대상시설과 서비스 내용 등에 관하여 필요한 사항은 보건복지부령으로 정한다(법 제43조).

보건복지부장관과 시·도지사는 보건복지부령이 정하는 바에 따라 시설을 정기적으로 평가하고, 그 결과를 시설의 감독과 지원 등에 반영하거나 시설 거주자를 다른 시설로 보내는 등의 조치를 할 수 있다(법 제43조의2). 보건복지부장관이나 시·도지사는 3년마다 1회 이상 시설에 대한 평가를 실시하여야 하며, 서비스 최저기준을 고려하여 보건복지부장관이 평가기준을 정한다(시행규칙 제27조의2).

물음 11-6

보건복지부장관이나 시·도지사는 _____ 년마다 1회 이상 시설에 대한 평가를 실시하여야 한다.

(4) 수용인원의 제한

각 시설의 수용인원은 300명을 초과할 수 없다. 다만, 대통령령으로 정하는 경우에는 그러하지 아니하다(법 제41조). 이것은 시

설의 대규모화로 인한 인권침해 등의 폐해를 방지하기 위한 것
이다.

(5) 지도 · 감독

보건복지부장관, 시 · 도지사 또는 시장 · 군수 · 구청장은 사회
복지사업을 운영하는 자의 소관 업무에 관하여 지도 · 감독을 하
며, 필요한 경우 그 업무에 관하여 보고 또는 관계 서류의 제출을
명하거나, 소속 공무원으로 하여금 법인의 사무소 또는 시설에 출
입하여 검사 또는 질문을 하게 할 수 있다(법 제51조). 보건복지부
장관, 시 · 도지사 또는 시장 · 군수 · 구청장은 지도 · 감독을 실
시한 후 제26조(설립허가 취소 등) 및 제40조(시설의 개선, 사업의 정
지, 시설의 폐쇄 등)에 따른 행정처분 등을 한 경우에는 처분 대상
인 법인 또는 시설의 명칭, 처분사유, 처분내용 등 처분과 관련된
정보를 대통령령으로 정하는 바에 따라 공표할 수 있다.

그리고 시 · 도지사 또는 시장 · 군수 · 구청장은 사회복지법인
과 사회복지시설에 대하여 지방의회의 추천을 받아 「공인회계사
법」 제7조에 따라 등록한 공인회계사 또는 「주식회사의 외부감사
에 관한 법률」 제3조에 따른 감사인을 선임하여 회계감사를 실시
할 수 있다.

(6) 시설의 휴지 · 재개 · 폐지 신고 등

시설의 재개 시 운영신고를 한 자는 지체 없이 시설의 운영을
시작하여야 한다. 시설의 운영자는 그 운영을 일정 기간 중단하
거나 다시 시작하거나 시설을 폐지하려는 경우에는 보건복지부

령으로 정하는 바에 따라 시장·군수·구청장에게 신고하여야 한다. 이러한 경우에는 보건복지부령이 정하는 바에 따라 시설 거주자의 권익을 보호하기 위한 시장·군수·구청장은 다음의 조치를 하고 신고를 수리하여야 한다(법 제38조).

즉, 시설 거주자가 자립을 원할 경우 자립을 지원하며, 다른 시설을 선택할 수 있도록 하고 그 이행을 확인하는 조치, 시설 거주자가 이용료·사용료 등의 비용을 부담하는 경우 납부한 비용 중 사용하지 아니한 금액을 반환하게 하고 그 이행을 확인하는 조치, 보조금·후원금 등의 사용 실태 확인과 이를 재원으로 조성한 재산 중 남은 재산의 회수조치, 그 밖에 시설 거주자의 권익 보호를 위하여 필요하다고 인정되는 조치를 해야 한다.

(7) 시설의 개선, 사업의 정지 및 폐쇄 등

보건복지부장관, 시·도지사 또는 시장·군수·구청장은 시설이 다음의 어느 하나에 해당할 때에는 그 시설의 개선, 사업의 정지, 시설의 장의 교체를 명하거나 시설의 폐쇄를 명할 수 있다(법 제40조). 즉, 시설이 설치기준에 미달하게 되었을 때, 사회복지법인 또는 비영리법인이 설치·운영하는 시설의 경우 그 사회복지법인 또는 비영리법인의 설립허가가 취소되었을 때, 설치 목적이 달성되었거나 그 밖의 사유로 계속하여 운영될 필요가 없다고 인정할 때, 회계부정이나 불법행위 또는 그 밖의 부당행위 등이 발견되었을 때, 신고를 하지 아니하고 시설을 설치·운영하였을 때, 운영위원회를 설치하지 아니하거나 운영하지 아니하였을 때, 정당한 이유 없이 제51조 제1항에 따른 보고 또는 자료 제출을 하지 아니하거나 거짓으로 하였을 때, 정당한 이유 없이 제51조에 따른 검사·질문을 거부·방해하거나 기피하였을 때, 시설에서 성폭력범죄 또는 아동·청소년 대상 성폭력범죄 및 아동학대·노인학대 관련 범죄가 발생한 때, 1년 이상 시설이 휴지상태에 있어 시장·군수·구청장이 재개를 권고하였음에도 불구하고 재개하지 아니한 때 등이다.

5. 재정(비용)

1) 보조금

국가나 지방자치단체는 사회복지사업을 수행하는 자 중 대통령령이 정하는 자에게 운영비 등 필요한 비용의 전부 또는 일부를 보조할 수 있으며 보조금은 그 목적 외의 용도에 사용할 수 없다(법 제42조). 국가나 지방자치단체는 보조금을 받은 자가 거짓이나 그 밖의 부정한 방법으로 보조금을 받았을 때와 사업 목적 외의 용도에 보조금을 사용하였을 때는 보조금의 전부 또는 일부의 반환을 명해야 하며, 이 법 또는 이 법에 따른 명령을 위반하였을 때는 전부 또는 일부의 반환을 명할 수 있다.

2) 지원금

보건복지부장관은 시·도지사 및 시장·군수·구청장에게 사회복지사업의 수행에 필요한 비용을 지원할 수 있다. 보건복지부 장관은 「사회보장급여의 이용·제공 및 수급권자 발굴에 관한 법률」 제39조에 따른 평가결과를 반영하여 지원을 할 수 있다(법 제42조의3).

3) 비용의 징수

이 법에 따른 복지조치에 필요한 비용을 부담한 지방자치단체의 장이나 그 밖에 시설을 운영하는 자는 그 혜택을 받은 본인 또는 그 부양의무자로부터 대통령령으로 정하는 바에 따라 그가 부담한 비용의 전부 또는 일부를 징수할 수 있다(법 제44조). 이 조항은 사회복지서비스 이용료에 대한 규정이다.

4) 후원금의 관리

사회복지법인의 대표이사와 시설의 장은 아무런 대가 없이 무상으로 받은 금품이나 그 밖의 자산(후원금)의 수입·지출 내용을 공개하여야 하며 관리에 명확성이 확보되도록 하여야 한다. 후원금에 관한 영수증 발급, 수입 및 사용결과 보고 등 기타 후원금 관리 및 공개 절차 등 구체적인 사항은 보건복지부령으로 정한다(법 제45조).

핵심 정리

「사회복지사업법」은 사회복지서비스에 대한 일반적인 사항을 규정하고 있는데, 보호대상자에 대한 보호는 현물로 제공함을 원칙으로 하며, 보호대상자에게 국가 또는 지방자치단체는 재가복지서비스를 시설입소에 우선하여 제공받도록 할 수 있다. 그리고 사회복지서비스를 필요로 하는 자(보호대상자)와 그 친족 및 그 밖의 관계인은 관할 시장·군수·구청장에게 보호대상자에 대한 사회복지서비스의 제공을 신청할 수 있다. 사회복지법인의 이사회는 최고의사결정 기구로서 중요하며, 사회복지법인은 대표 이사를 포함한 이사 7명과 감사 2명 이상을 두어야 한다.

물음에 대한 답

11-1. 보호대상자에 대한 사회복지서비스 제공은 현물로 제공함을 원칙으로 한다.

11-2. 시장·군수·구청장은 보호대상자에게 사회복지서비스를 제공하는 경우 시설 입소에 우선하여 재가복지서비스를 우선적으로 제공하여야 한다.

11-3. 사회복지사 자격취소 사항에 해당되는 경우 보건복지부장관이 자격을 취소하거나 1년 범위에서 정지시킬 수 있다.

11-4. 사회복지법인은 대표이사를 포함한 이사 7명과 감사 2명 이상을 두어야 한다.

11-5. 이사회의 구성에 있어서 특별한 관계에 있는 사람이 이사 현원의 5분의 1을 초과할 수 없다.

11-6. 보건복지부장관이나 시·도지사는 3년마다 1회 이상 시설에 대한 평가를 실시하여야 한다.

12장

사회서비스법: 노인복지법,
장애인복지법, 정신건강복지법

1. 노인복지법

1981년 6월에 「노인복지법」이 제정되었으며, 2004년에는 노인 학대예방과 학대받는 노인 보호를 위한 제도적 장치를 강화하는 방향으로 개정이 이루어졌다. 2007년 8월에는 「노인장기요양보험법」에 따른 노인장기요양보험 실시에 대비하여 노인복지시설의 무료·실비 및 유료 구분을 없애고, 요양보호사 자격제도를 도입하는 한편, 홀로 사는 노인을 지원하도록 하고, 실종노인의 보호를 위하여 실종노인을 보호할 경우 신고하도록 하는 내용으로의 개정이 이루어졌다.

1) 목적

「노인복지법」은 노인의 질환을 사전예방 또는 조기 발견하고 질환 상태에 따른 적절한 치료·요양으로 심신의 건강을 유지하고, 노후의 생활안정을 위하여 필요한 조치를 강구함으로써 노인의 보건복지 증진에 기여함을 목적으로 한다(법 제1조).

2) 대상

「노인복지법」에 노인에 대해서는 정확히 명시되어 있지 않다. 그러나 노인주택의 입소자격(법 제33조의2 제1항)에서 60세 이상인 노인이라는 규정을 제외하고는 대부분 65세 이상의 노인을 개별 조항(법 제25조, 제26조, 제27조, 제28조)에서 법의 대상자로 명시하고 있다.

3) 급여

(1) 보건복지증진

① 노인 사회참여 지원

국가 또는 지방자치단체는 노인의 사회참여 확대를 위하여 노인의 지역봉사활동 기회를 넓히고 노인에게 적합한 직종의 개발과 그 보급을 위한 시책을 강구하고, 근로능력이 있는 노인에게 일할 기회를 우선적으로 제공하도록 노력하여야 하며, 노인의 지역봉사활동 및 취업의 활성화를 기하기 위하여 노인지역봉사기관, 노인취업알선기관 등 노인복지관계기관에 대하여 필요한 지원을 할 수 있다(법 제23조).

② 경로우대

국가 또는 지방자치단체는 65세 이상의 자에 대하여 대통령령이 정하는 바에 의하여 국가 또는 지방자치단체의 수송시설 및 고궁·능원·박물관·공원 등의 공공시설을 무료로 또는 그 이용요금을 할인하여 이용하게 할 수 있다(법 제26조).

③ 건강진단과 독거노인 지원

국가 또는 지방자치단체는 대통령령이 정하는 바에 의하여 65세 이상의 자에 대하여 건강진단과 보건교육을 실시할 수 있으며, 이에 의한 건강진단 결과 필요하다고 인정한 때에는 그 건강진단을 받은 자에 대하여 필요한 지도를 하여야 한다(법 제27조). 그리고 국가 또는 지방자치단체는 홀로 사는 노인에 대하여 방문요양과 돌봄 등의 서비스와 안전확인 등의 보호조치를 취하여야 한다(법 제27조의2). 보건복지부장관은 홀로 사는 노인에 대한 돌봄과 관련하여 사업의 홍보, 종사자 교육 등의 사업을 수행하기 위하여 독거노인종합지원센터를 설치·운영할 수 있다(법 제27조의3).

④ 상담·입소 등의 조치

보건복지부장관, 시·도지사, 시장·군수·구청장(복지실시기관)은 노인에 대한 복지를 도모하기 위하여 필요하다고 인정한 때에는 다음의 조치를 하여야 한다. 즉, 65세 이상의 자 또는 그를 보호하고 있는 자를 관계공무원 또는 노인복지상담원으로 하여금 상담·지도하게 하는 것, 65세 이상의 자로서 신체적·정신적·경제적 이유 또는 환경상의 이유로 거택에서 보호받기가 곤란한 자를 노인주거복지시설 또는 재가노인복지시설에 입소시키거나 입소를 위탁하는 것, 65세 이상의 자로서 신체 또는 정신상의 현저한 결함으로 인하여 항상 보호를 필요로 하고 경제적 이유로 거택에서 보호받기가 곤란한 자를 노인의료복지시설에 입소시키거나 입소를 위탁하는 것이다. 복지실시기관은 65세 미만의 자에 대하여도 그 노쇠현상이 현저하여 특별히 보호할 필요가 있다고 인정할 때에는 그와 같은 조치를 할 수 있다(법 제28조).

⑤ 안전사고 예방 및 노인실태조사

국가와 지방자치단체는 노인의 안전을 보장하고 낙상사고 등 노인에게 치명적인 사고를 예방하기 위하여 필요한 시책을 수립·시행하여야 한다(법 제4조의2). 그리고 보건복지부장관은 노인의 보건 및 복지에 관한 실태조사를 3년마다 실시하고 그 결과를 공표하여야 한다(법 제5조).

⑥ 인권교육

경로당과 노인교실을 제외한 노인복지시설을 설치·운영하는 자와 그 종사자는 인권에 관한 교육(인권교육)을 받아야 하며, 또한 설치·운영하는 자는 해당 시설을 이용하고 있는 노인들에게 인권교육을 실시할 수 있다(법 제6조의3).

⑦ 일자리전담기관

고령사회에서 일할 의사를 지닌 노인에게 알맞은 일자리를 창출하여 제공하는 일은 개인적 차원이나 사회적 차원에서 매우 중

노인일자리사업

요한 과제이다. 노인일자리사업은 노인에게 노후의 보충적 소득 보장을 통해 경제적 도움을 제공할 뿐만 아니라 활동적 노화 및 생산적 노후생활을 영위하게 함으로써 노인의 삶의 질 향상에 기여할 수 있을 것이다. 이와 관련된 노인일자리전담기관에 대한 내용은 다음과 같다.

노인의 능력과 적성에 맞는 일자리지원사업을 전문적·체계적으로 수행하기 위한 전담기관(노인일자리전담기관)은 다음의 기관으로 한다(법 제23조의2 제1항). 즉, 노인인력개발기관(노인일자리 개발·보급사업, 조사사업, 교육·홍보 및 협력사업, 프로그램 인증·평가사업 등을 지원하는 기관), 노인일자리지원기관(지역사회 등에서 노인일자리의 개발·지원, 창업·육성 및 노인에 의한 재화의 생산·판매 등을 직접 담당하는 기관), 노인취업알선기관(노인에게 취업 상담 및 정보를 제공하거나 노인일자리를 알선하는 기관)이다.

(2) 노인학대 예방

노인학대란 노인(65세 이상의 사람)에 대하여 신체적·정신적·정서적·성적 폭력 및 경제적 착취 또는 가혹행위를 하거나 유기 또는 방임을 하는 것을 말한다(법 제1조의2 제4호). 노인학대관련 범죄란 보호자에 의한 65세 이상 노인에 대한 노인학대로서 「형법」 제2편 제25장 상해와 폭행의 죄 중 제257조(상해, 존속상해), 제258조(중상해, 존속중상해), 제260조(폭행, 존속폭행) 제1항·제2항, 제261조(특수폭행) 및 제264조(상습범)의 죄 등 어느 하나에 해당되는 죄를 말한다(법 제1조의2 제5호).

범국민적으로 노인학대에 대한 인식을 높이고 관심을 유도하기 위하여 매년 6월 15일을 노인학대예방의 날로 지정하고 있다(법 제6조 제4항).

① 금지행위

노인학대

노인학대행위(법 제39조의9)와 이에 따른 벌칙은 〈표 12-1〉과 같다.

〈표 12-1〉 노인학대행위와 벌칙

노인학대행위	벌칙
노인의 신체에 상해를 가하는 행위	7년 이하의 징역 또는 7천만 원 이하의 벌금
• 노인의 신체에 폭행을 가하는 행위 • 노인에게 성적 수치심을 주는 성폭력 · 성희롱 등의 행위 • 자신의 보호 · 감독을 받는 노인을 유기하거나 의식주를 포함한 기본적 보호 및 치료를 소홀히 하는 방임행위 • 노인에게 구걸을 하게 하거나 노인을 이용하여 구걸하는 행위 • 폭언, 협박, 위협 등으로 노인의 정신건강에 해를 끼치는 정서적 학대행위	5년 이하의 징역 또는 5천만 원 이하의 벌금
노인을 위하여 증여 또는 급여된 금품을 그 목적 외의 용도에 사용하는 행위	3년 이하의 징역 또는 3천만 원 이하의 벌금

 법원은 노인학대관련범죄로 형 또는 치료감호를 선고하는 경우에는 판결(약식명령을 포함한다)로 그 형 또는 치료감호의 전부 또는 일부의 집행을 종료하거나 집행이 유예·면제된 날(벌금형을 선고받은 경우에는 그 형이 확정된 날)부터 일정 기간 동안 노인복지시설 또는 노인관련기관을 운영하거나 취업 또는 사실상 노무를 제공할 수 없도록 하는 명령(취업제한명령)을 판결과 동시에 선고(약식명령의 경우에는 고지를 말한다)하여야 한다. 취업제한기간은 10년을 초과하지 못한다(법 제39조의17).

 보건복지부장관, 시·도지사 또는 시장·군수·구청장은 노인학대행위로 제60조에 따른 처벌(양벌규정)을 받은 법인 등이 운영하는 시설에 대하여 그 위반행위, 처벌내용, 해당 법인 또는 시설의 명칭, 대표자 성명, 시설장 성명 등의 사항을 공표할 수 있다. 그리고 요양보호사 자격취소 처분을 받거나 노인학대 관련 처벌을 받은 자로서 노인학대행위로 노인의 생명·신체 또는 정신에 중대한 피해를 입힌 노인복지시설의 장과 종사자에 대하여 법 위반이력 및 명단 등의 사항을 공표할 수 있다(법 제39조의18).

② 노인보호전문기관

 노인보호전문기관은 지역 간 연계체계 구축과 지원사업을 하는 중앙노인보호전문기관과 실제 학대받은 노인의 발견·보호·치료를 담당하는 지역노인보호전문기관(시·도에 둔다)으로 나누어 설치·운영된다(법 제39조의5).

③ 긴급전화 및 노인학대 신고의무와 절차

국가 및 지방자치단체는 노인학대를 예방하고 신고를 수시로 받을 수 있도록 긴급전화를 설치하여야 한다(법 제39조의4). 누구든지 노인학대를 알게 된 때에는 노인보호전문기관 또는 수사기관에 신고할 수 있다. 특히 신고의무자가 직무상 65세 이상의 사람에 대한 노인학대를 알게 된 때에는 즉시 노인보호전문기관 또는 수사기관에 신고하여야 한다(법 제39조의6). 신고의무자가 노인학대를 신고하지 않은 경우에는 500만 원 이하의 과태료를 부과한다(법 제61조의2 제2항).

한편, 누구든지 정당한 사유 없이 사고 등의 사유로 인하여 보호자로부터 이탈된 노인(실종노인)을 경찰관서 또는 지방자치단체의 장에게 신고하지 아니하고 보호하여서는 아니 된다(법 제39조의10).

물음 12-1

국가 및 지방자치단체는 노인학대 업무를 담당하는 ＿＿＿＿＿＿＿을 설치하여야만 한다.

④ 노인학대 사후관리 등

➡️ 학대피해노인
전용쉼터

국가와 지방자치단체는 학대피해노인을 일정 기간 보호하고 심신 치유 프로그램을 제공하기 위하여 학대피해노인 전용쉼터를 설치·운영할 수 있다(법 제39조의19).

노인보호전문기관의 장은 노인학대가 종료된 후에도 가정방문, 시설방문, 전화상담 등을 통하여 노인학대의 재발 여부를 확인하여야 한다. 노인보호전문기관의 장은 노인학대가 종료된 후에도 노인학대의 재발 방지를 위하여 필요하다고 인정하는 경우 피해

노인 및 보호자를 포함한 피해노인의 가족에게 상담, 교육 및 의료적 · 심리적 치료 등의 지원을 하여야 한다(법 제39조의20).

4) 전달체계 및 위원회

(1) 노인복지시설

노인복지시설은 노인주거복지시설, 노인의료복지시설, 노인여가복지시설, 재가노인복지시설, 노인보호전문기관, 노인일자리지원기관, 학대피해노인 전용쉼터로 나눌 수 있다(법 제31조).[1]

노인복지시설은 국가 또는 지방자치단체가 설치할 수 있으며 그 외에 자가 설치하고자 하는 경우에는 시장 · 군수 · 구청장에게 신고해야 한다(법 제33조, 제35조, 제37조, 제39조).

① 노인주거복지시설

노인주거복지시설은 가정을 대신하여 노인들이 생활할 수 있도록 주거를 포함한 일체의 생활이 가능하도록 서비스를 제공하는 시설로서, 다음과 같은 종류로 나뉜다(법 제32조 제1항).

 1. 양로시설: 노인을 입소시켜 급식과 그 밖에 일상생활에 필요한 편의를 제공함을 목적으로 하는 시설. 입소정원 10명 이상
 2. 노인공동생활가정: 노인들에게 가정과 같은 주거여건과 급식,

---

1) 노인보호전문기관, 노인일자리지원기관, 학대피해노인 전용쉼터는 앞서 설명했으므로 여기서 설명은 제외한다.

그 밖에 일상생활에 필요한 편의를 제공함을 목적으로 하는
시설. 입소정원 5~9명 시설

3. 노인복지주택: 노인에게 주거시설을 임대하여 주거의 편의 ·
생활지도 · 상담 및 안전관리 등 일상생활에 필요한 편의를 제
공함을 목적으로 하는 시설. 30세대 이상 시설

물음 12-2

_____은 가정을 대신하여 노인들이 생활할 수 있도록 주거를 포함한 일체
의 생활이 가능하도록 서비스를 제공하는 시설이다.

② 노인의료복지시설

노인의료복지시설은 주거생활은 물론 보건 의료적 서비스를 제
공하는 시설로서, 입소 조치에 따른 비용 부담의 정도 및 질환의
정도 등에 따라 나눌 수 있다(법 제34조).

1. 노인요양시설: 치매 · 중풍 등 노인성질환 등으로 심신에 상당
한 장애가 발생하여 도움을 필요로 하는 노인을 입소시켜 급
식 · 요양과 그 밖에 일상생활에 필요한 편의를 제공함을 목적
으로 하는 시설. 입소정원 10명 이상

2. 노인요양공동생활가정: 치매 · 중풍 등 노인성질환 등으로 심
신에 상당한 장애가 발생하여 도움을 필요로 하는 노인에게 가
정과 같은 주거여건과 급식 · 요양, 그 밖에 일상생활에 필요
한 편의를 제공함을 목적으로 하는 시설. 입소정원 5~9명

③ 노인여가복지시설

노인여가복지시설은 노인들이 건강하고 건전한 여가활동을 할 수 있도록 제반 서비스를 제공하는 시설로서 그 구체적인 목적의 차이에 따라서 다음과 같이 나눌 수 있다(법 제36조).

1. 노인복지관: 노인의 교양·취미생활 및 사회참여활동 등에 대한 각종 정보와 서비스를 제공하고, 건강증진 및 질병예방과 소득보장·재가복지, 그 밖에 노인의 복지 증진에 필요한 서비스를 제공함을 목적으로 하는 시설

2. 경로당: 지역노인들이 자율적으로 친목도모·취미활동·공동작업장 운영 및 각종 정보교환과 기타 여가활동을 할 수 있도록 하는 장소를 제공함을 목적으로 하는 시설

3. 노인교실: 노인들의 사회활동 참여 욕구를 충족시키기 위하여 건전한 취미생활·노인건강유지·소득보장, 기타 일상생활과 관련한 학습프로그램을 제공함을 목적으로 하는 시설

④ 재가노인복지시설

재가노인복지시설은 방문요양서비스, 주·야간보호서비스, 단기보호서비스, 방문목욕서비스, 그 밖에 재가노인에게 제공하는 서비스로서 보건복지부령으로 정하는 서비스 중 어느 하나 이상의 서비스를 제공하는 것을 목적으로 하는 시설을 말한다(법 제38조).

양로시설, 노인공동생활가정 및 노인복지주택, 노인요양시설 및 노인요양공동생활가정 또는 재가노인복지시설을 설치·운영

하는 자가 복지실시기관으로부터 노인의 입소·장례를 위탁받은 때에는 정당한 이유 없이 이를 거부하여서는 안 된다(법 제41조).

(2) 요양보호사

노인복지시설의 설치·운영자는 보건복지부령으로 정하는 바에 따라 노인 등의 신체활동 또는 가사활동 지원 등의 업무를 전문적으로 수행하는 요양보호사를 두어야 한다. 요양보호사가 되려는 사람은 요양보호사를 교육하는 기관에서 교육과정을 마치고 시·도지사가 실시하는 요양보호사 자격시험에 합격하여야 하며, 시·도지사는 요양보호사 자격시험에 합격한 사람에게 요양보호사 자격증을 교부하여야 한다(법 제39조의2).

5) 재정(비용)

노인일자리전담기관의 설치·운영 또는 위탁에 소요되는 비용, 건강진단 등과 상담·입소 등의 조치에 소요되는 비용 및 노인복지시설의 설치·운영에 소요되는 비용은 대통령령이 정하는 바에 따라 국가 또는 지방자치단체가 부담한다(법 제45조).

국가 또는 지방자치단체가 설치·운영에 필요한 비용을 보조할 수 있는 노인복지시설은 노인주거복지시설, 노인요양시설, 노인요양공동생활가정, 노인여가복지시설, 재가노인복지시설, 노인보호전문기관, 학대피해노인 전용쉼터이다(법 제47조 및 시행령 제24조). 그리고 국가 또는 지방자치단체가 노인복지시설의 운영에 소요되는 비용을 보조하는 때에는 「사회복지사업법」 제43조의 규정에 의한 시설평가의 결과 등 당해 노인복지시설의 운영실적을 고려하여 차등하여 보조할 수 있다.

2. 장애인복지법

UN은 1981년을 세계장애인의 해로 정하고 모든 국가에 대하여 심신장애인을 위한 복지사업과 기념행사를 추진하도록 권고했다. 이와 같은 장애인복지의 국제적인 추세의 영향으로 「심신장애자복지법」이 1981년 6월 5일 공포·시행되었다. 이후 1988년 서울에서 개최된 제8회 장애인올림픽을 기점으로 하여 장애인복지에 대한 새로운 인식과 학문적 논의가 시작되어 1989년 12월 30일 「장애인복지법」으로 전부개정되었다. 그리고 2017년 개정을 통해 장애등급을 없애고 장애 정도라는 개념을 사용하였다.

장애인등급제 폐지

1) 목적

「장애인복지법」은 장애인의 인간다운 삶과 권리보장을 위한 국가와 지방자치단체 등의 책임을 명백히 하고, 장애 발생 예방과 장애인의 의료·교육·직업재활·생활환경 개선 등에 관한 사업을 정하여 장애인복지대책을 종합적으로 추진하며, 장애인의 자립생활·보호 및 수당지급 등에 관하여 필요한 사항을 정하여 장애인의 생활안정에 기여하는 등 장애인의 복지와 사회활동 참여 증진을 통하여 사회통합에 이바지함을 목적으로 한다(법 제1조).

2) 대상

"장애인"이란 신체적 · 정신적 장애로 오랫동안 일상생활이나 사회생활에서 상당한 제약을 받는 자를 말한다(법 제2조 제1항).

1. "신체적 장애"란 주요 외부 신체 기능의 장애, 내부기관의 장애 등을 말한다.
2. "정신적 장애"란 발달장애 또는 정신질환으로 발생하는 장애를 말한다.

이와 같이 법상에는 장애인을 두 가지로만 구분하였으며 시행령에서 세부 내용을 정하도록 하여 장애유형의 확대를 유연하게 명시할 수 있도록 하였다. 「장애인복지법」의 적용을 받는 대상자는 계속 확대되어 왔으며, 현재의 15종의 장애 종류를 포함하는 대상자가 법에 명시되었다. 그리고 장애의 정도는 보건복지부령으로 정한다(시행령 제2조).

3) 급여

(1) 기본정책 강구

「장애인복지법」에서 제2장은 기본정책을 강구하는 내용으로 구성되어 있으나 선언적인 이야기일 뿐 구체적인 실행방법이 없다. 그래서 실제 행해지는 사업이나 조치들은 「장애인고용촉진 및 직업재활법」 및 「장애인차별금지 및 권리구제 등에 관한 법률」과 같이 각 조항에 해당되는 개별 법률들로 따로 제정되어 실행되고 있다.

국가와 지방자치단체가 해야 하는 주요 내용으로는 장애발생 예방(법 제17조), 의료와 재활치료(법 제18조), 사회적응훈련(법 제19조), 교육(법 제20조), 직업(법 제21조), 정보에의 접근(법 제22조), 편의시설(법 제23조), 안전대책 강구(법 제24조), 사회적 인식개선 등(법 제25조), 선거권 행사를 위한 편의 제공(법 제26조), 주택 보급(법 제27조), 문화환경 정비 등(법 제28조), 복지 연구 등의 진흥(법 제29조), 경제적 부담의 경감(법 제30조), 장애인 가족 지원(법 제30조의2) 등이 있다.

보건복지부장관은 장애인의 권익과 복지 증진을 위하여 관계 중앙행정기관의 장과 협의하여 5년마다 장애인정책종합계획을 수립·시행하여야 한다(법 제10조의2). 종합계획에는 장애인의 복지에 관한 사항, 장애인의 교육문화에 관한 사항, 장애인의 경제활동에 관한 사항, 장애인의 사회참여에 관한 사항, 그 밖에 장애인의 권익과 복지 증진을 위하여 필요한 사항이 포함되어야 한다. 보건복지부장관은 종합계획의 추진성과를 매년 평가하고, 그 결과를 종합계획에 반영할 필요가 있는 경우에는 종합계획을 변경하거나 다음 종합계획을 수립할 때에 반영하여야 한다. 그리고 보건복지부장관은 종합계획을 수립하거나 해당 연도의 사업계획, 전년도 사업계획의 추진실적, 추진성과의 평가를 확정한 때에는 이를 지체 없이 국회 소관 상임위원회에 보고하여야 한다(법 제10조의3).

(2) 복지조치

보건복지부장관은 장애인 복지정책의 수립에 필요한 기초 자료로 활용하기 위하여 3년마다 장애인의 실태조사를 실시하여야 한다(법 제31조).

물음 12-3

보건복지부장관은 장애인 복지정책의 수립에 필요한 기초 자료로 활용하기 위하여
_____ 년마다 장애인의 실태조사를 실시하여야 한다.

① 장애인 등록

장애인, 그 법정대리인 또는 대통령령이 정하는 보호자는 장애상태와 그 밖에 보건복지부령이 정하는 사항을 시장·군수 또는 구청장에게 등록하여야 하며, 시장·군수·구청장은 등록을 신청한 장애인이 제2조에 따른 기준에 맞으면 장애인 등록증을 내주어야 한다(법 제32조). 장애인 등록을 위해 신청자는 의료기관의 전문의사로부터 장애진단 및 검사를 통해 장애진단서를 발급받아 주소지 관할 읍·면·동사무소에 제출하여 장애인 등록을 한다. 이렇게 전문의사에게 심사를 의뢰하는 과정을 거치는데 이것은 대상자 선정 시 전문가의 의견을 필요로 하는 대표적인 예이다.

② 복지서비스에 관한 장애인 지원사업

국가와 지방자치단체는 등록한 장애인에게 필요한 복지서비스가 적시에 제공될 수 있도록 다음의 장애인 지원 사업을 실시한다(법 제32조의6). 즉, 복지서비스에 관한 상담 및 정보제공, 장애

인학대 등 안전문제 또는 생계곤란 등 위기상황에 놓여 있을 가능성이 높은 장애인에 대한 방문상담, 복지서비스 신청의 대행 등이다. 그리고 복지서비스가 필요한 장애인을 발굴하고 공공 및 민간의 복지서비스를 연계·제공하기 위해 민관협력을 통한 사례관리를 실시할 수 있다(법 제32조의7).

③ 장애인 관련 수당

국가와 지방자치단체가 지급할 수 있는 장애인 관련 수당은 세 가지로 나뉘며 지급 대상 및 기준, 방법 등 필요한 사항은 대통령령으로 정한다.

첫 번째는 장애수당으로, 장애인의 장애 정도와 경제적 수준을 고려하여 장애로 인한 추가적 비용을 보전하기 위하여 지급할 수 있다(법 제49조). 다만, 「국민기초생활 보장법」에 따른 생계급여와 의료급여를 받는 장애인에게는 장애수당을 반드시 지급하여야 한다. 장애수당 대상자는 18세 이상의 등록장애인으로 장애아동수당 지급자는 제외한다(시행령 제30조 제1항).

두 번째는 장애아동수당으로 국가와 지방자치단체는 장애아동에게 보호자의 경제적 생활 수준 및 장애아동의 장애 정도를 고려하여 장애로 인한 추가적 비용을 보전하게 하기 위하여 장애아동수당을 지급할 수 있다(법 제50조 제1항). 장애아동수당을 받기 위해서는 18세 미만(해당 장애인이 「초·중등교육법」에 따른 고등학교와 이에 준하는 특수학교 또는 각종 학교에 재학 중인 경우에는 20세 이하의 경우를 포함한다)일 것, 장애인으로 등록하였을 것, 「국민기초생활 보장법」에 따른 수급자 또는 차상위계층으로서 장애로 인한 추가적 비용 보전이 필요할 것의 세 가지 요건을 모두 갖추어야 한다(시행령 제30조 제2항).

세 번째는 보호수당으로 국가와 지방자치단체는 장애인을 보호하는 보호자에게 그의 경제적 수준과 장애인의 장애 정도를 고려하여 장애로 인한 추가적 비용을 보전하게 하기 위하여 보호수당을 지급할 수 있다(법 제50조 제2항). 보호수당의 대상자는 「국민기초생활 보장법」에 따른 수급자일 것, 중증 장애로 다른 사람의 도움이 없이는 일상생활을 영위하기 어려운 18세 이상(해당 장애인이 20세 이하로서 「초·중등교육법」에 따른 고등학교와 이에 준하는 특수학교 또는 각종학교에 재학 중인 경우는 제외한다)의 장애인을 보호하거나 부양할 것의 두 가지 요건을 모두 갖추어야 한다(시행령 제30조 제3항).

④ 자립생활 지원

경기도 자립생활
지원사업

국가와 지방자치단체는 장애인의 자기결정에 의한 자립생활을 위하여 활동지원사의 파견 등 활동보조서비스 또는 장애인보조기구의 제공, 그 밖의 각종 편의 및 정보제공 등 필요한 시책을 강구하여야 한다(법 제53조). 이와 관련하여 국가와 지방자치단체는 장애인의 자립생활을 실현하기 위하여 장애인자립생활지원센터를 통하여 필요한 각종 지원서비스를 제공한다(법 제54조). 국가와 지방자치단체는 장애인이 일상생활 또는 사회생활을 원활히 할 수 있도록 활동지원급여를 지원할 수 있다. 또한 임신 등으로 인하여 이동이 불편한 여성장애인에게 임신 및 출산과 관련한 진료 등을 위하여 경제적 부담능력 등을 감안하여 활동지원사의 파건 등 활동보조서비스를 지원할 수 있다(법 제55조).

4) 전달체계 및 위원회

(1) 복지시설

국가와 지방자치단체는 장애인이 제58조에 따른 장애인복지시설의 이용을 통하여 기능 회복과 사회적 향상을 도모할 수 있도록 필요한 정책을 강구하여야 하며, 장애인복지시설을 이용하는 장애인의 인권을 보호하기 위하여 필요한 정책을 마련하고 관련 프로그램을 실시할 수 있는 기반을 조성하여야 한다. 장애인복지실시기관은 장애인복지시설에 대한 장애인의 선택권을 최대한 보장하여야 하며, 장애인의 선택권을 보장하기 위하여 장애인복지시설을 이용하려는 장애인에게 시설의 선택에 필요한 정보를 충분히 제공하여야 한다. 제58조에 따른 장애인복지시설의 선택에 필요한 정보 제공과 서비스 제공 시에는 장애인의 성별·연령 및 장애의 유형과 정도를 고려하여야 한다(법 제57조).

장애인복지시설의 종류는 다음과 같으며, 장애인복지시설의 구체적인 종류와 사업 등에 관한 사항은 보건복지부령으로 정한다(법 제58조).

1. 장애인 거주시설: 거주공간을 활용하여 일반 가정에서 생활하기 어려운 장애인에게 일정 기간 동안 거주·요양·지원 등의 서비스를 제공하는 동시에 지역사회생활을 지원하는 시설
2. 장애인 지역사회재활시설: 장애인을 전문적으로 상담·치

료 · 훈련하거나 장애인의 일상생활, 여가활동 및 사회참여활동 등을 지원하는 시설(장애인복지관, 장애인주간보호시설, 장애인체육시설, 장애인심부름센터 등)

3. 장애인 직업재활시설: 일반 작업환경에서는 일하기 어려운 장애인이 특별히 준비된 작업환경에서 직업훈련을 받거나 직업생활을 할 수 있도록 하는 시설. 보호작업장은 직업능력이 낮은 장애인을 위한 시설이고 근로작업장은 근로능력이 있는 장애인을 대상으로 하며 최저임금을 지급하고 경쟁적인 고용시장으로 옮겨 갈 수 있도록 도움

4. 장애인 의료재활시설: 장애인을 입원 또는 통원하게 하여 상담, 진단 · 판정, 치료 등 의료재활서비스를 제공하는 시설(재활의원, 재활병원 등)

5. 그 밖에 대통령령으로 정하는 시설

국가와 지방자치단체는 장애인복지시설을 설치할 수 있으며, 이외의 자가 설치 · 운영하려면 해당 시설 소재지 관할 시장 · 군수 · 구청장에게 신고하여야 한다. 장애인 거주시설의 정원은 30명을 초과할 수 없다(법 제59조).

물음 12-4

장애인 거주시설의 정원은 _____ 명을 초과할 수 없다.

성범죄자의 취업제한과 관련된 내용은 다음과 같다(법 제59조의 3). 법원은 성범죄(성폭력범죄 또는 아동 · 청소년대상 성범죄)로 형 또는 치료감호를 선고하는 경우에는 판결(약식명령을 포함)로 그

형 또는 치료감호의 전부 또는 일부의 집행을 종료하거나 집행이
유예·면제된 날(벌금형을 선고받은 경우에는 그 형이 확정된 날)부
터 일정 기간 동안 장애인복지시설 또는 장애인관련기관을 운영
하거나 취업 또는 사실상 노무를 제공할 수 없도록 하는 명령(취
업제한명령)을 성범죄 사건의 판결과 동시에 선고(약식명령의 경우
에는 고지를 말한다)하여야 한다. 취업제한기간은 10년을 초과하
지 못한다.

(2) 장애인학대 금지

① 장애인권익옹호기관

국가는 지역 간의 연계체계를 구축하고 장애인학대를 예방하기
위하여 중앙장애인권익옹호기관을 설치·운영하여야 한다. 그리
고 학대받은 장애인을 신속히 발견·보호·치료하고 장애인학대
를 예방하기 위하여 지역장애인권익옹호기관을 시·도에 둔다.
시·도 장애인권익옹호기관은 장애인학대의 신고접수, 현장조사
및 응급보호/피해장애인과 그 가족, 장애인학대행위자에 대한 상
담 및 사후관리/장애인학대 예방 관련 교육 및 홍보/장애인학대
사례판정위원회 설치·운영/그 밖에 보건복지부령으로 정하는
장애인학대 예방과 관련된 업무를 담당한다(법 제59조의11).

물음 12-5

국가는 지역 간의 연계체계를 구축하고 장애인학대를 예방하기 위하여 _____
을 설치, 운영하여야 한다.

② 장애인학대 금지행위

장애인학대와 관련된 금지행위(법 제59조의9)는 〈표 12-2〉와 같다.

2019 장애인학대

〈표 12-2〉 장애인학대행위

학대행위	벌칙
• 장애인에게 성적 수치심을 주는 성희롱·성 폭력 등의 행위	10년 이하의 징역 또는 1억 원 이하의 벌금
• 장애인의 신체에 상해를 입히는 행위 • 장애인을 폭행, 협박, 감금, 그 밖에 정신상 또는 신체상의 자유를 부당하게 구속하는 수단으로써 장애인의 자유의사에 어긋나는 노동을 강요하는 행위	7년 이하의 징역 또는 7천만 원 이하의 벌금
• 장애인의 신체에 폭행을 가하는 행위 • 자신의 보호·감독을 받는 장애인을 유기하 거나 의식주를 포함한 기본적 보호 및 치료 를 소홀히 하는 방임행위 • 장애인에게 구걸을 하게 하거나 장애인을 이용하여 구걸하는 행위 • 장애인을 체포 또는 감금하는 행위 • 장애인의 정신건강 및 발달에 해를 끼치는 정서적 학대행위	5년 이하의 징역 또는 5천만 원 이하의 벌금
• 장애인을 위하여 증여 또는 급여된 금품을 그 목적 외의 용도에 사용하는 행위	3년 이하의 징역 또는 3천만 원 이하의 벌금
• 공중의 오락 또는 흥행을 목적으로 장애인 의 건강 또는 안전에 유해한 곡예를 시키는 행위	1년 이하의 징역 또는 1천만 원 이하의 벌금

　장애인학대 신고의무와 절차는 다음과 같다(법 제59조의4). 누구든지 장애인학대 및 장애인 대상 성범죄를 알게 된 때에는 중앙장애인권익옹호기관 또는 지역장애인권익옹호기관("장애인권익옹호기관")이나 수사기관에 신고할 수 있다. 그러나 신고의무대상자가 그 직무상 장애인학대 및 장애인 대상 성범죄를 알게 된 경우에는 지체 없이 장애인권익옹호기관 또는 수사기관에 신고하여야 하며, 신고의무자가 신고의무 위반 시 300만 원 이하의 과태료를 부과한다.

　제59조의4에 따라 장애인학대 신고를 접수한 장애인권익옹호기관의 직원이나 사법경찰관리는 지체 없이 장애인학대현장에 출동하여야 한다(법 제59조의7). 장애인학대현장에 출동한 자는 학대받은 장애인을 학대행위자로부터 분리하거나, 치료가 필요하다고 인정될 때에는 장애인권익옹호기관, 피해장애인쉼터, 의료기관 등에 인도하여야 한다. 장애인학대행위자 등 장애인학대와 관련되어 있는 자는 장애인학대현장에 출동한 자에 대하여 현장조사를 거부하거나 업무를 방해하여서는 아니 된다.

　학대받은 장애인의 법정대리인, 직계친족, 형제자매 장애인권익옹호기관의 상담원, 또는 변호사는 장애인학대사건의 심리에 있어서 보조인이 될 수 있다. 다만, 변호사가 아닌 경우에는 법원의 허가를 받아야 한다(법 제59조의8). 법원은 학대받은 장애인을 증인으로 신문하는 경우 본인 또는 검사의 신청이 있는 때에는 본인과 신뢰관계에 있는 사람의 동석을 허가할 수 있다.

　장애인권익옹호기관의 장은 장애인학대가 종료된 후에도 사후관리를 위하여 가정방문, 시설방문, 전화상담 등을 통하여 장애인학대의 재발 여부를 확인하여야 한다(법 제59조의12). 장애인권익 옹호기관의 장은 장애인학대가 종료된 후에도 피해장애인의 안전 확보, 장애인학대의 재발 방지, 건전한 가정기능의 유지 등을 위하여 피해장애인, 피해장애인의 보호자·가족에게 상담, 교육 및 의료적·심리적 치료 등의 지원을 하여야 한다.

그리고 시·도지사는 피해장애인의 임시 보호 및 사회복귀 지원을 위하여 장애인 쉼터를 설치·운영할 수 있다(법 제59조의13).

(3) 장애인정책조정위원회

장애인 종합정책을 수립하고 관계 부처 간의 의견을 조정하며 그 정책의 이행을 감독·평가하기 위하여 국무총리 소속하에 장애인정책조정위원회를 둔다(법 제11조). 위원회는 필요하다고 인정되면 관계 행정기관에 그 직원의 출석·설명과 자료 제출을 요구할 수 있다.

(4) 장애인복지 전문인력

장애인복지는 여러 학문과 기술이 종합적으로 팀워크를 이루어서 실천되어야 효과적으로 목적을 달성할 수 있다. 따라서 장애인복지실천에는 다양한 장애인복지 전문인력이 요청되는데, 이를 「장애인복지법」에서 규정하고 있다. 국가와 지방자치단체, 그 밖의 공공단체는 의지·보조기 기사, 언어재활사, 장애인재활상담사, 한국수어 통역사, 점역·교정사 등 장애인복지 전문인력, 그 밖에 장애인복지에 관한 업무에 종사하는 자를 양성·훈련하는 데에 노력해야 한다(법 제71조).

5) 재정(비용)

자녀교육비(제38조 제1항), 자립훈련비(제43조 제1항), 장애수당 (제49조 제1항), 장애아동수당과 보호수당(제50조 제1항, 제2항), 활동지원급여 지원(제55조 제1항)에 대한 조치와 제59조 제1항에 따른 장애인복지시설의 설치·운영에 드는 비용은 예산의 범위 안에서 대통령령으로 정하는 바에 따라 장애인복지실시기관이 부담하게 할 수 있다(법 제79조 제1항).

국가와 지방자치단체는 장애인이 제58조의 장애인복지시설을 이용하는 데 드는 비용의 전부 또는 일부를 부담할 수 있으며, 시설 이용자의 자산과 소득을 고려하여 본인부담금을 부과할 수 있다. 이 경우 본인부담금에 관한 사항은 대통령령으로 정한다(법 제79조 제2항).

국가와 지방자치단체는 대통령령으로 정하는 바에 따라 장애인복지시설의 설치·운영에 필요한 비용의 전부 또는 일부를 보조할 수 있다(법 제81조).

3. 정신건강증진 및 정신질환자 복지서비스 지원에 관한 법률(약칭: 정신건강복지법)

우리나라에서는 정신질환에 대한 편견과 오해로 인해 그동안 정신질환자가 미인가 시설에서 비치료적이고 비인권적인 관리를 받아 오는 사례가 많았으며, 1995년이 되어서야 「정신보건법」이 제정되었다. 이후 여러 차례 개정을 거친 「정신보건법」은 2016년 5월 29일에 정신질환자의 범위를 중증정신질환자로 축소 정의하고, 전 국민 대상의 정신건강증진의 장을 신설하며, 비자의 입원·퇴원 제도를 개선하고, 정신질환자에 대한 복지서비스 제공을 추가하는 등 현행 법률상 미흡한 점을 개선·보완하여 「정신건강증진 및 정신질환자 복지서비스 지원에 관한 법률」로 명칭이 바뀌면서 전부 개정되어 2017년 5월 30일부터 시행되었다.

1) 목적

이 법은 정신질환의 예방·치료, 정신질환자의 재활·복지·권리보장과 정신건강 친화적인 환경 조성에 필요한 사항을 규정함으로써 국민의 정신건강증진 및 정신질환자의 인간다운 삶을 영위하는 데 이바지함을 목적으로 한다(법 제1조).

2) 대상

정신질환자 이야기

"정신질환자"란 망상, 환각, 사고(思考)나 기분의 장애 등으로 인하여 독립적으로 일상생활을 영위하는 데 중대한 제약이 있는 사람을 말한다(법 제3조 제1호).

3) 정신건강증진 정책의 추진

보건복지부장관은 관계 행정기관의 장과 협의하여 5년마다 정신건강증진 및 정신질환자 복지서비스 지원에 관한 국가의 기본계획(국가계획)을 수립하여야 한다(법 제7조). 그리고 시·도지사는 국가계획에 따라 각각 시·도 단위의 정신건강증진 및 정신질환자 복지서비스 지원에 관한 계획(지역계획)을 수립하여야 한다. 보건복지부장관은 5년마다 실태조사를 실시하여야 한다(법 제10조). 그 밖에 정신건강증진의 장을 신설하여 일반국민에 대한 정신건강 서비스 제공 근거를 마련하였다(법 제7조부터 제18조까지).

4) 입원 등

정신질환자나 그 밖에 정신건강상 문제가 있는 사람은 보건복지부령으로 정하는 입원등 신청서를 정신의료기관등의 장에게 제출함으로써 그 정신의료기관등에 자의입원등을 할 수 있다(법 제41조).

환자 본인 및 보호의무자의 동의로 입원을 신청하고, 정신과 전문의 진단 결과 환자 치료와 보호필요성이 인정되는 경우 72시간의 범위에서 퇴원을 거부할 수 있는 동의입원 제도가 있다(제42조). 보호의무자에 의한 입원 시 입원 요건과 절차를 강화하여 진단입원 제도를 도입하였다. 최초 입원은 3개월, 이후 1차 연장은 3개월 이내, 그 이후로는 6개월 이내 연장 시마다 진단을 받아야 한다.

시장·군수·구청장에 의한 행정입원 제도 개선을 위하여 보호의무자에 의한 입원의 유형 중 하나인 시장·군수·구청장이 보호의무자가 되는 경우를 삭제하고, 경찰관이 행정입원 신청을 요청할 수 있는 근거를 마련하며, 행정입원 기간을 보호의무자에 의한 입원 기간과 같이 조정하였다(제44조 및 제62조).

각 국립정신병원 및 대통령령으로 정하는 기관 안에 입원적합성 심사위원회를 설치하여, 보호의무자 또는 시장·군수·구청장에 의한 입원의 경우 입원사실을 3일 이내에 위 위원회에 신고하도록 하고, 위원회는 입원의 적합성 여부를 1개월 이내에 판단하도록 하는 등 입원 단계 권리구제 절차를 강화하였다(제45조부터 제49조까지).

그리고 입원 환자의 회전문 현상, 입원의 장기화, 반복되는 재입원의 문제를 통제하기 위하여 입원·퇴원 등과 관련된 관리시스템을 구축하도록 하였다(제67조).

5) 전달체계

(1) 정신건강복지센터와 국가트라우마센터

보건복지부장관은 필요한 지역에서의 소관 정신건강증진사업 등의 제공 및 연계 사업을 전문적으로 수행하게 하기 위하여 정신건강복지센터를 설치·운영할 수 있다(법 제15조). 그리고 보건복지부장관은 재난이나 그 밖의 사고로 정신적 충격을 받은 사람과 가족, 재난이나 사고 상황에서 구조 등 현장 대응 업무에 참여해 정신적 피해를 입은 사람의 심리적 안정과 사회 적응을 지원(심리지원)하기 위하여 국가트라우마센터를 설치·운영할 수 있다(법 제15조의2).

물음 12-6

보건복지부장관은 필요한 지역에서 소관 정신건강증진사업 등의 제공 및 연계사업을 전문적으로 수행하기 위하여 _____를 설치·운영할 수 있다.

(2) 정신건강증진시설

정신건강증진시설이란 정신의료기관, 정신요양시설 및 정신재활시설을 말한다(법 제3조). 이 중 정신재활시설의 종류는 생활시설(정신질환자등이 생활할 수 있도록 주로 의식주 서비스를 제공하는 시설), 재활훈련시설(정신질환자등이 지역사회에서 직업활동과 사회생활을 할 수 있도록 주로 상담·교육·취업·여가·문화·사회참여 등 각종 재활활동을 지원하는 시설), 그 밖에 대통령령으로 정하는 시설이 있다(법 제27조).

(3) 정신건강전문요원

보건복지부장관은 정신건강 분야에 관한 전문지식과 기술을 갖추고 보건복지부령으로 정하는 수련기관에서 수련을 받은 사람에게 정신건강전문요원의 자격을 줄 수 있다. 정신건강전문요원은 그 전문분야에 따라 정신건강임상심리사, 정신건강간호사 및 정신건강사회복지사로 구분한다(법 제17조).

핵심 정리

「장애인복지법」에서는 장애유형을 신체적 장애와 정신적 장애로 나누고 대통령령으로 장애의 종류에 대해 세부 내용을 정하도록 하고 있으며, 장애인 등록은 재외동포 및 외국인도 할 수 있다.

「노인복지법」은 노인의 질환을 사전예방 또는 조기발견하고 질환상태에 따른 적절한 치료·요양으로 심신의 건강을 유지하고, 노후의 생활안정을 위하여 필요한 조치를 강구함으로써 노인의 보건복지증진에 기여함을 목적으로 한다. 노인복지시설은 노인주거복지시설, 노인의료복지시설, 노인여가복지시설, 재가노인복지시설, 노인보호전문기관, 노인일자리지원기관으로 나뉜다.

「정신건강증진 및 정신질환자 복지서비스 지원에 관한 법률」은 정신질환의 예방·치료, 정신질환자의 재활·복지·권리보장과 정신건강 친화적인 환경 조성에 필요한 사항을 규정함으로써 국민의 정신건강증진 및 정신질환자가 인간다운 삶을 영위하는 데 이바지함을 목적으로 한다.

물음에 대한 답

12-1. 국가 및 지방자치단체는 노인학대 업무를 담당하는 노인보호전문기관을 설치하여야만 한다.

12-2. 노인주거복지시설은 가정을 대신하여 노인들이 생활할 수 있도록 주거를 포함한 일체의 생활이 가능하도록 서비스를 제공하는 시설이다.

12-3. 보건복지부장관은 장애인 복지정책의 수립에 필요한 기초 자료로 활용하기 위하여 3년마다 장애인의 실태조사를 실시하여야 한다.

12-4. 장애인 거주시설의 정원은 30명을 초과할 수 없다.

12-5. 국가는 지역 간의 연계체계를 구축하고 장애인학대를 예방하기 위하여 중앙장애인권익옹호기관을 설치, 운영하여야 한다.

12-6. 보건복지부장관은 필요한 지역에서 소관 정신건강증진사업 등의 제공 및 연계사업을 전문적으로 수행하기 위하여 정신건강복지센터를 설치·운영할 수 있다.

13장

사회서비스법: 아동복지법, 영유아보육법, 한부모가족지원법

1. 아동복지법

우리나라 최초의 사회복지서비스법으로서 「아동복리법」은 1961년 12월 제정되어 1962년 1월 1일부터 시행되었다. 이후 요보호아동 중심의 정책에서 다음 세대의 건강한 국민형성과 육성을 위한 정책으로의 관점 변화 영향으로 1981년 4월에 「아동복지법」이 전부개정되면서 법의 적용 대상을 전체 아동으로 확대하는 발전을 이루었다. 이후 2000년 1월에 「UN 아동권리협약」에 따른 아동학대에 대한 보호 및 아동안전에 대한 제도적 지원을 공고히 하기 위하여 다시 전부개정되었다.

1) 목적 및 기본 이념

(1) 목적
「아동복지법」은 아동이 건강하게 출생하여 행복하고 안전하게 자랄 수 있도록 아동의 복지를 보장하는 것을 목적으로 한다(법

제1조). 이 법에서 말하는 "아동복지"란 아동이 행복한 삶을 누릴 수 있는 기본적인 여건을 조성하고 조화롭게 성장·발달할 수 있도록 하기 위한 경제적·사회적·정서적 지원을 말한다(법 제3조 제2호).

(2) 기본 이념

→ 어린이들이
바라는 세상

기본 이념은 다음과 같다(법 제2조). 첫째, 아동은 자신 또는 부모의 성별, 연령, 종교, 사회적 신분, 재산, 장애유무, 출생지역, 인종 등에 따른 어떠한 종류의 차별도 받지 아니하고 자라나야 한다. 둘째, 아동은 완전하고 조화로운 인격발달을 위하여 안정된 가정환경에서 행복하게 자라나야 한다. 셋째, 아동에 관한 모든 활동에 있어서 아동의 이익이 최우선적으로 고려되어야 한다. 넷째, 아동은 아동의 권리보장과 복지 증진을 위하여 이 법에 따른 보호와 지원을 받을 권리를 가진다. 이와 같이 기본 이념으로 제1항은 무차별 평등이념을 강조하고 있고, 제2항은 안정된 가정환경의 중요성을, 그리고 제3항은 아동 중심적 활동 이념을 밝히고 있으며, 제4항은 아동의 권리를 강조하고 있다.

2) 대상

「아동복지법」에서 말하는 아동은 18세 미만인 사람을 말한다(법 제3조 제1호). 「아동복지법」에 아동을 18세 미만으로 규정함에 따라 「한부모가족지원법」을 비롯한 아동과 관련된 대부분의 법에서도 아동에 대한 나이 규정을 18세 미만으로 하고 있다.

3) 급여

(1) 아동복지정책

보건복지부장관은 아동정책의 효율적인 추진을 위하여 5년마다 아동정책 기본계획을 수립하여야 하며, 기본계획은 다음의 사항을 포함하여야 한다(법 제7조). 즉, 이전의 기본계획에 관한 분석·평가, 아동정책에 관한 기본 방향 및 추진 목표, 주요 추진 과제 및 추진 방법, 재원조달방안, 그 밖에 아동정책을 시행하기 위하여 특히 필요하다고 인정되는 사항이다. 그리고 보건복지부장관은 5년마다 아동의 양육 및 생활환경, 언어 및 인지 발달, 정서적·신체적 건강, 아동안전, 아동학대 등 아동의 종합실태를 실태조사하여 그 결과를 공표하고, 이를 기본계획과 시행계획에 반영하여야 한다(법 제11조). 국가와 지방자치단체는 대통령령으로 정하는 바에 따라 아동 관련 정책이 아동복지에 미치는 영향을 분석·평가(아동정책영향평가)하고, 그 결과를 아동 관련 정책의 수립·시행에 반영하여야 한다(법 제11조의2).

물음 13-1

보건복지부장관은 ____ 년마다 아동학대뿐만 아동안전, 생활환경 등 아동의 종합실태를 조사하고 공표하여야 한다.

(2) 아동권리보장원의 설립 및 운영

보건복지부장관은 아동정책에 대한 종합적인 수행과 아동복지 관련 사업의 효과적인 추진을 위하여 필요한 정책의 수립을 지원하고 사업평가 등의 업무를 수행할 수 있도록 아동권리보장원을

아동권리보장원

설립한다(법 제10조의2).

보장원의 업무는 다음과 같다. 아동정책 수립을 위한 자료 개발 및 정책 분석, 아동정책기본계획 수립 및 평가 지원, 아동정책조정위원회 운영 지원, 아동정책영향평가 지원, 아동보호서비스에 대한 기술지원, 아동학대 예방과 방지를 위한 업무, 가정위탁사업 활성화 등을 위한 업무, 지역 아동복지사업 및 아동복지시설의 원활한 운영을 위한 지원, 「입양특례법」에 따른 국내입양 활성화 및 입양 사후관리를 위한 업무, 아동 관련 조사 및 통계 구축, 아동 관련 교육 및 홍보, 아동 관련 해외정책 조사 및 사례분석, 그 밖에 이 법 또는 다른 법령에 따라 보건복지부장관, 국가 또는 지방자치단체로부터 위탁받은 업무이다.

(3) 아동보호서비스

① 보호조치 및 퇴소조치

시·도지사 또는 시장·군수·구청장은 그 관할 구역에서 보호대상아동을 발견하거나 보호자의 의뢰를 받은 때에는 아동의 최상의 이익을 위하여 대통령령으로 정하는 바에 따라 다음 각 호에 해당하는 보호조치를 하여야 한다(법 제15조).

1. 전담공무원, 민간전문인력 또는 아동위원에게 보호대상아동 또는 그 보호자에 대한 상담·지도를 수행하게 하는 것
2. 친족에 해당하는 사람의 가정에서 보호·양육할 수 있도록 조치하는 것

3. 보호대상아동을 적합한 유형의 가정에 위탁하여 보호 · 양육
   할 수 있도록 조치하는 것
4. 보호대상아동을 그 보호조치에 적합한 아동복지시설에 입소
   시키는 것
5. 약물 및 알코올 중독, 정서 · 행동 · 발달 장애, 성폭력 · 아동
   학대 피해 등으로 특수한 치료나 요양 등의 보호를 필요로 하는
   아동을 전문치료기관 또는 요양소에 입원 또는 입소시키는 것
6. 「입양특례법」에 따른 입양과 관련하여 필요한 조치를 하는 것

　시 · 도지사 또는 시장 · 군수 · 구청장 이외의 자가 보호대상아
동을 발견하거나 보호자의 의뢰를 받을 때에는 지체 없이 시 · 도
지사 또는 시장 · 군수 · 구청장에게 보호조치를 의뢰해야 한다.
시 · 도지사 또는 시장 · 군수 · 구청장은 1과 2의 보호조치가 적
합하지 아니한 보호대상아동에 대하여 3~6까지의 보호조치를
할 수 있다. 그리고 3~5까지의 보호조치 중인 보호대상아동의
연령이 18세에 달하였거나, 보호 목적이 달성되었다고 인정되면
해당 시 · 도지사, 시장 · 군수 · 구청장은 대통령령으로 정하는
방법과 절차에 따라 그 보호 중인 아동의 보호조치를 종료하거나
해당 시설에서 퇴소시켜야 한다(법 제16조).

② 가정위탁

　"가정위탁"이란 보호대상아동의 보호를 위하여 성범죄, 가정폭
력, 아동학대, 정신질환 등의 전력이 없는 보건복지부령으로 정하
는 기준에 적합한 가정에 보호대상아동을 일정 기간 위탁하는 것

가정위탁

을 말한다(법 제3조 제6호). UN의 아동에 관한 권리협약을 시행하면서 문제로 제기되었던 '소년소녀가장제도'를 가정위탁으로 전환하면서 활성화되었다.

(4) 아동학대

① 아동학대 정의와 금지행위

"아동학대"란 보호자를 포함한 성인이 아동의 건강 또는 복지를 해치거나 정상적 발달을 저해할 수 있는 신체적 · 정신적 · 성적 폭력이나 가혹행위를 하는 것과 아동의 보호자가 아동을 유기하거나 방임하는 것을 말한다(법 제3조 제7호). 정의에서도 알 수 있듯이 아동학대는 성인에 의해 행해지는 행위이므로 미성년자에 의한 학대행위는 포함되지 않는다.

물음 13-2

_____ 란 보호자를 포함한 성인에 의하여 아동의 건강 · 복지를 해치거나 정상적 발달을 저해할 수 있는 신체적 · 정신적 · 성적 폭력이나 가혹행위를 하는 것과 아동의 보호자가 아동을 유기하거나 방임하는 것을 말한다.

"아동학대관련범죄"란 「아동학대범죄의 처벌 등에 관한 특례법」 제2조 제4호에 따른 아동학대범죄, 또는 아동에 대한 「형법」 제2편 제24장 살인의 죄 중 제250조부터 제255조까지의 죄에 해당하는 죄를 말한다(법 제3조 제7의2호).

금지행위(법 제17조)와 벌칙(법 제71조)은 〈표 13-1〉과 같다. 이때 상습적으로 이 규정(제17조 금지행위)의 죄를 범한 자는 그 죄에 정한 형의 2분의 1까지 가중한다(법 제72조). 그리고 아동을 타인에게 매매하는 행위(「아동·청소년의 성보호에 관한 법률」 제9조에 따른 매매는 제외한다)의 미수범도 처벌한다(법 제73조).

〈표 13-1〉 아동학대행위(제17조 금지행위)와 벌칙

아동학대행위	벌칙
• 아동을 타인에게 매매하는 행위(「아동·청소년의 성보호에 관한 법률」 제9조에 따른 매매는 제외한다)	10년 이하의 징역
• 아동에게 음란한 행위를 시키거나 이를 매개하는 행위 또는 아동에게 성적 수치심을 주는 성희롱 등의 성적 학대행위	10년 이하의 징역 또는 1억 원 이하의 벌금
• 아동의 신체에 손상을 주는 학대행위 • 아동의 정신건강 및 발달에 해를 끼치는 정서적 학대행위 • 자신의 보호·감독을 받는 아동을 유기하거나 의식주를 포함한 기본적 보호·양육·치료 및 교육을 소홀히 하는 방임행위 • 장애를 가진 아동을 공중에 관람시키는 행위 • 아동에게 구걸을 시키거나 아동을 이용하여 구걸하는 행위	5년 이하의 징역 또는 5천만 원 이하의 벌금
• 정당한 권한을 가진 알선기관 외의 자가 아동의 양육을 알선하고 금품을 취득하거나 금품을 요구 또는 약속하는 행위 • 아동을 위하여 증여 또는 급여된 금품을 그 목적 외의 용도로 사용하는 행위	3년 이하의 징역 또는 3천만 원 이하의 벌금
• 공중의 오락 또는 흥행을 목적으로 아동의 건강 또는 안전에 유해한 곡예를 시키는 행위 또는 이를 위하여 아동을 제3자에게 인도하는 행위	1년 이하의 징역 또는 1천만 원 이하의 벌금

② 아동학대의 예방과 방지 의무

국가와 지방자치단체는 아동학대의 예방과 방지를 위하여 다음의 조치를 취하여야 한다(법 제22조). 즉, 아동학대의 예방과 방지를 위한 각종 정책의 수립 및 시행, 아동학대의 예방과 방지를 위한 연구 · 교육 · 홍보 및 아동학대 실태조사, 아동학대에 관한 신고체제의 구축 · 운영, 피해아동의 보호와 치료 및 피해아동의 가정에 대한 지원, 그 밖에 대통령령으로 정하는 아동학대의 예방과 방지를 위한 사항의 조치이다.

그리고 시 · 도지사 또는 시장 · 군수 · 구청장은 피해아동의 발견 및 보호 등의 업무수행을 위해 사회복지사 자격을 가진 아동학대전담공무원을 두어야 한다. 이들이 수행해야 할 업무는 다음과 같다. 아동학대 신고접수, 현장조사 및 응급보호/피해아동, 피해아동의 가족 및 아동학대행위자에 대한 상담 · 조사/그 밖에 대통령령으로 정하는 아동학대 관련 업무이다.

또한 시 · 도지사 또는 시장 · 군수 · 구청장은 피해아동에 대한 조사를 한 후 피해아동의 보호조치, 아동학대행위에 대한 고발 여부 등 아동학대행위에 대한 개입 방향 및 절차, 피해아동 및 그 가족에 대한 지원 여부 등의 사항이 포함된 피해아동보호계획을 수립하고 그 계획을 아동보호전문기관의 장에게 통보하여야 한다(법 제22조의4).

③ 아동학대 신고의무자에 대한 교육

관계 중앙행정기관의 장은 신고의무자의 자격 취득 과정이나 보수교육 과정에 아동학대 예방 및 신고의무와 관련된 교육 내용을 포함하도록 하여야 한다(법 제26조). 그리고 국가기관과 지방자치단체의 장,「공공기관의 운영에 관한 법률」에 따른 공공기관과 대통령령으로 정하는 공공단체의 장은 아동학대의 예방과 방지를 위하여 필요한 교육을 연 1회 이상 실시하고, 그 결과를 보건복지부장관에게 제출하여야 한다(법 제26조의2).

④ 사후관리와 아동학대정보시스템

보장원 또는 아동보호전문기관의 장은 아동학대가 종료된 이후에도 가정방문, 전화상담 등을 통하여 아동학대의 재발 여부를 확인하여야 한다. 그리고 보장원 또는 아동보호전문기관의 장은 아동학대가 종료된 이후에도 아동학대의 재발 방지 등을 위하여 필요하다고 인정하는 경우 피해아동 및 보호자를 포함한 피해아동의 가족에게 필요한 지원을 제공할 수 있다(법 제28조). 보건복지부장관은 아동학대 관련 정보를 공유하고 아동학대를 예방하기 위하여 피해아동, 가족 및 아동학대행위자에 관한 정보, 아동학대예방사업에 관한 정보를 아동정보시스템에 입력·관리해야 한다(법 제28조의2).

⑤ 아동학대행위자

시·도지사, 시장·군수·구청장 및 보장원의 장 또는 아동보호전문기관의 장은 아동학대행위자에 대하여 상담·교육 및 심리적 치료 등 필요한 지원을 제공하여야 한다(법 제29조의2). 법원은 아동학대관련범죄로 형 또는 치료감호를 선고하는 경우에는 판결(약식명령을 포함한다)로 그 형 또는 치료감호의 전부 또는 일부의 집행을 종료하거나 집행이 유예·면제된 날(벌금형을 선고받은 경우에는 그 형이 확정된 날)부터 일정 기간(취업제한기간) 동안 아동복지시설 또는 아동관련기관을 운영하거나 취업 또는 사실상 노무를 제공할 수 없도록 하는 명령(취업제한명령)을 아동학대관련범죄 사건의 판결과 동시에 선고(약식명령의 경우에는 고지를 말한다)하여야 한다. 취업제한기간은 10년을 초과하지 못한다.

아동관련기관의 설치 또는 설립인가·허가·신고를 관할하는 중앙행정기관의 장, 지방자치단체의 장, 교육감 또는 교육장은 아동관련기관을 운영하려는 자에 대하여 관계 기관의 장에게 아동학대관련범죄 전력 조회를 요청하여야 한다. 아동관련기관의 장은 그 기관에 취업 중이거나 사실상 노무를 제공 중인 사람 또는 취업하려 하거나 사실상 노무를 제공하려는 사람(취업자등)에 대하여 아동학대관련범죄 전력을 확인하여야 한다.

(5) 취약아동에 대한 서비스 지원

① 취약계층 아동에 대한 통합서비스 지원

국가와 지방자치단체는 아동의 건강한 성장과 발달을 도모하기 위하여 대통령령으로 정하는 바에 따라 아동의 성장 및 복지 여건이 취약한 가정을 선정하여 그 가정의 지원대상아동과 가족을 대상으로 보건, 복지, 보호, 교육, 치료 등을 종합적으로 지원하는 통합서비스를 실시한다(법 제37조).

② 자립지원

시설 퇴소 아동의 자립지원이 미약하다는 점이 계속 문제로 제기되어 왔었고, 이에 따라 위탁보호 및 시설 퇴소 아동의 자립지원을 위한 구체적인 내용들이 다음과 같이 법으로 규정되었다.

국가와 지방자치단체는 보호대상아동의 위탁보호 종료 또는 아동복지시설 퇴소 이후의 자립을 지원하기 위하여 다음에 해당하는 조치를 시행하여야 한다(법 제38조). 즉, 자립에 필요한 주거·생활·교육·취업 등의 지원, 자립에 필요한 자산의 형성 및 관리 지원(자산형성지원), 자립에 관한 실태조사 및 연구, 사후관리체계 구축 및 운영, 그 밖에 자립지원에 필요하다고 대통령령으로 정하는 사항이다. 보장원의 장, 가정위탁지원센터의 장 및 아동복지시설의 장은 보호하고 있는 15세 이상의 아동을 대상으로 매년 개별 아동에 대한 자립지원 계획을 수립하고, 그 계획을 수행하는 종사자를 대상으로 자립지원에 관한 교육을 실시하여야 한다(법 제39조).

5) 전달체계 및 위원회

아동복지시설의 장은 보호아동의 권리를 최대한 보장하여야 하며, 친권자가 있는 경우 보호아동의 가정 복귀를 위하여 적절한 상담과 지도를 병행하여야 한다(법 제57조).

(1) 아동복지시설

국가 또는 지방자치단체는 아동복지시설을 설치할 수 있다. 그리고 국가 또는 지방자치단체 외의 자는 관할 시장·군수·구청장에게 신고하고 아동복지시설을 설치할 수 있다(법 제50조).

「아동복지법」상에서는 아동복지시설의 종류를 다음과 같이 규정하고 있으며, 이와 같은 시설을 종합시설로 설치할 수 있다(법 제52조).

1. 아동양육시설: 보호대상아동을 입소시켜 보호, 양육 및 취업훈련, 자립지원 서비스 등을 제공하는 것을 목적으로 하는 시설

2. 아동일시보호시설: 보호대상아동을 일시보호하고 아동에 대한 향후의 양육대책수립 및 보호조치를 행하는 것을 목적으로 하는 시설

3. 아동보호치료시설: 아동에게 보호 및 치료 서비스를 제공하는 다음 각 목의 시설

   가. 불량행위를 하거나 불량행위를 할 우려가 있는 아동으로서 보호자가 없거나 친권자나 후견인이 입소를 신청한 아동 또는 가정법원, 지방법원소년부지원에서 보호위탁된 19세 미만인 사람을 입소시켜 치료와 선도를 통하여 건전한 사회인으로 육성하는 것을 목적으로 하는 시설

   나. 정서적·행동적 장애로 인하여 어려움을 겪고 있는 아동 또는 학대로 인하여 부모로부터 일시 격리되어 치료받을 필요가 있는 아동을 보호·치료하는 시설

4. 공동생활가정: 보호대상아동에게 가정과 같은 주거여건과 보호, 양육, 자립지원 서비스를 제공하는 것을 목적으로 하는 시설. 시장·군수·구청장은 공동생활가정 중에서 피해아동에 대한 보호, 치료, 양육 서비스 등을 제공하는 학대피해아동쉼

터를 지정할 수 있다(법 제53조의2).

5. 자립지원시설: 아동복지시설에서 퇴소한 사람에게 취업 준비 기간 또는 취업 후 일정 기간 동안 보호함으로써 자립을 지원하는 것을 목적으로 하는 시설

6. 아동상담소: 아동과 그 가족의 문제에 관한 상담, 치료, 예방 및 연구 등을 목적으로 하는 시설

7. 아동전용시설: 어린이공원, 어린이놀이터, 아동회관, 체육ㆍ연극ㆍ영화ㆍ과학실험전시 시설, 아동휴게숙박시설, 야영장 등 아동에게 건전한 놀이ㆍ오락, 그 밖의 각종 편의를 제공하여 심신의 건강유지와 복지증진에 필요한 서비스를 제공하는 것을 목적으로 하는 시설

8. 지역아동센터: 지역사회 아동의 보호ㆍ교육, 건전한 놀이와 오락의 제공, 보호자와 지역사회의 연계 등 아동의 건전 육성을 위하여 종합적인 아동복지서비스를 제공하는 시설

9. 아동보호전문기관: 지방자치단체는 학대받은 아동의 치료, 아동학대의 재발 방지 등 사례관리 및 아동학대예방을 담당하는 아동보호전문기관을 시ㆍ도 및 시ㆍ군ㆍ구에 1개소 이상 두어야 한다(법 제45조).

10. 가정위탁지원센터: 지방자치단체는 보호대상아동에 대한 가정위탁사업을 활성화하기 위하여 시ㆍ도 및 시ㆍ군ㆍ구에 가정위탁지원센터를 둔다(법 제48조).

11. 아동권리보장원

물음 13-3

지역사회 아동의 보호 · 교육, 건전한 놀이와 오락의 제공, 보호자와 지역사회의 연계 등 아동의 건전 육성을 위하여 종합적인 아동복지서비스를 제공하는 시설은 ＿＿＿＿＿＿＿＿ 이다.

(2) 아동복지전담공무원 등과 아동위원

아동복지에 관한 업무를 담당하기 위하여 시 · 도 및 시 · 군 · 구에 각각 아동복지전담공무원(전담공무원)을 둘 수 있다. 시 · 도지사 또는 시장 · 군수 · 구청장은 전담공무원의 업무를 지원하기 위하여 보건복지부령으로 정하는 바에 따라 민간전문인력을 둘 수 있다(법 제13조). 그리고 시 · 군 · 구에 아동위원을 둔다(법 제14조). 아동위원은 명예직으로 하되, 아동위원에 대하여는 수당을 지급할 수 있다.

6) 재정(비용)

국가 또는 지방자치단체는 대통령령으로 정하는 바에 따라 비용의 전부 또는 일부를 보조할 수 있다(법 제59조). 시 · 도지사, 시장 · 군수 · 구청장 또는 아동복지시설의 장은 보호조치에 필요한 비용의 전부 또는 일부를 대통령령으로 정하는 바에 따라 각각 그 아동의 부양의무자로부터 징수할 수 있다(법 제60조).

2. 영유아보육법

1989년 보건복지부에서는 「아동복지법」에 의한 보육사업을 실시하였다가, 1991년 1월 보육사업의 통합일원화를 내용으로 하는 「영유아보육법」을 제정·공포함으로써, 보육사업의 주관부처를 보건복지부로 일원화하고, 종전의 '탁아'사업에서 보호와 교육을 통합한 '보육'사업으로 확대·발전시켰다.

1) 목적

이 법은 영유아의 심신을 보호하고 건전하게 교육하여 건강한 사회 구성원으로 육성함과 아울러 보호자의 경제적·사회적 활동이 원활하게 이루어지도록 함으로써 영유아 및 가정의 복지 증진에 이바지함을 목적으로 한다(법 제1조).

2) 대상

이 법의 대상자가 되는 "영유아"란 6세 미만의 취학 전 아동을 말한다(법 제2조 제1호). 그리고 어린이집의 이용대상은 보육이 필요한 영유아를 원칙으로 하며, 다만 필요한 경우 어린이집의 장은 만 12세까지 연장하여 보육할 수 있다(법 제27조).

3) 급여

(1) 보육의 개념과 책임

"보육"이란 영유아를 건강하고 안전하게 보호·양육하고 영유아의 발달 특성에 맞는 교육을 제공하는 어린이집 및 가정양육 지원에 관한 사회복지서비스를 말한다(법 제2조 제2호). 기존에는 어린이집을 이용하는 영유아만 지원하다가 2008년 12월 개정으로 가정양육을 지원할 수 있게 됨에 따라 보육의 정의가 바뀌었다.

시장·군수·구청장은 영유아의 보육을 위한 적절한 어린이집을 확보하여야 한다. 국가와 지방자치단체는 보육교직원의 양성, 근로조건 개선 및 권익보호를 위하여 노력하여야 한다(법 제4조). 그리고 보건복지부장관은 이 법의 적절한 시행을 위하여 보육실태조사를 3년마다 실시하고 그 결과를 공표하여야 한다(법 제9조). 국가와 지방자치단체는 영유아의 보호자에게 영유아의 성장·양육방법, 보호자의 역할, 영유아의 인권 등에 대한 교육을 실시할 수 있다(법 제9조의2).

(2) 보육의 제공

국가나 지방자치단체, 사회복지법인, 그 밖의 비영리법인이 설치한 어린이집과 대통령령으로 정하는 어린이집의 원장은 영아·장애아·다문화가족의 아동 등에 대한 보육(취약보육)을 우선적으로 실시하여야 한다.

국가 또는 지방자치단체는 제34조에 따른 무상보육 및 「유아교육법」 제24조에 따른 무상교육 지원을 받지 아니하는 영유아에

대하여 필요한 경우 시간제보육 서비스를 지원할 수 있다(법 제26조
의2). 대상자는 생후 6개월 이상의 영유아 중 보건복지부장관이
정하여 고시하는 영유아이다(시행규칙 제28조의2).

국가나 지방자치단체, 사회복지법인, 그 밖의 비영리법인이 설
치한 어린이집과 대통령령으로 정하는 어린이집의 장은 다음에
해당하는 자가 우선적으로 보육시설을 이용할 수 있도록 하여야
한다(법 제28조). 즉, 「국민기초생활 보장법」에 따른 수급자/「한부
모가족지원법」에 따른 보호대상자의 자녀/「국민기초생활 보장법」
에 따른 차상위계층의 자녀/「장애인복지법」에 따른 장애인 중 보
건복지부령으로 정하는 장애 정도에 해당하는 자의 자녀 및 장애
인이 형제자매인 영유아/「다문화가족지원법」에 따른 다문화가족
의 자녀/「국가유공자 등 예우 및 지원에 관한 법률」에 따른 국가
유공자 중 전몰군경, 상이자로서 보건복지부령으로 정하는 자, 순
직자의 자녀/제1형 당뇨를 가진 경우로서 의학적 조치가 용이하
고 일상생활이 가능하여 보육에 지장이 없는 영유아/그 밖에 소
득수준 및 보육수요 등을 고려하여 보건복지부령으로 정하는 자
의 자녀 등이다. 다만, 「고용정책기본법」에 따라 고용촉진시설의
설치·운영을 위탁받은 공공단체 또는 비영리법인이 설치·운영
하는 어린이집의 원장은 근로자의 자녀가 우선적으로 어린이집
을 이용하게 할 수 있다. 그리고 사업주는 사업장 근로자의 자녀
가 우선적으로 직장어린이집을 이용할 수 있도록 하여야 한다.

(3) 양육수당과 보육서비스 이용권
국가와 지방자치단체는 어린이집이나 「유아교육법」 제2조에 따

른 유치원을 이용하지 아니하는 영유아에 대하여 영유아의 연령과 보호자의 경제적 수준을 고려하여 양육에 필요한 비용을 지원할 수 있다(법 제34조의2). 그리고 국가와 지방자치단체는 무상보육, 양육수당에 따른 비용지원을 위하여 보육서비스 이용권을 영유아의 보호자에게 지급할 수 있다(법 제34조의3).

4) 전달체계 및 위원회

(1) 어린이집

"어린이집"이란 보호자의 위탁을 받아 영유아를 보육하는 기관을 말하며(법 제2조 제3호), 어린이집의 종류는 다음 각 호와 같다(법 제10조).

1. 국공립어린이집: 국가나 지방자치단체가 설치 · 운영하는 어린이집

2. 사회복지법인어린이집: 「사회복지사업법」에 따른 사회복지법인이 설치 · 운영하는 어린이집

3. 법인 · 단체 등 어린이집: 각종 법인(사회복지법인을 제외한 비영리법인)이나 단체 등이 설치 · 운영하는 어린이집으로서 대통령령으로 정하는 어린이집

4. 직장어린이집: 사업주가 사업장의 근로자를 위하여 설치 · 운영하는 어린이집(국가나 지방자치단체의 장이 소속 공무원 및 국가나 지방자치단체의 장과 근로계약을 체결한 자로서 공무원이 아닌 자를 위하여 설치 · 운영하는 어린이집을 포함한다)

5. 가정어린이집: 개인이 가정이나 그에 준하는 곳에 설치·운영 하는 어린이집

6. 협동어린이집: 보호자 또는 보호자와 보육교직원이 조합(영리 를 목적으로 하지 아니하는 조합에 한정한다)을 결성하여 설치·운 영하는 어린이집

7. 민간어린이집: 제1호부터 제6호까지의 규정에 해당하지 아니 하는 어린이집

국가나 지방자치단체는 국공립어린이집을 설치·운영하여야 한다. 이 경우 국공립어린이집은 보육계획(법 제11조)에 따라 도 시 저소득주민 밀집 주거지역 및 농어촌지역 등 취약지역, 「산업 입지 및 개발에 관한 법률」 제2조 제8호에 따른 산업단지 지역에 우선적으로 설치하여야 한다. 국공립어린이집 외의 어린이집을 설치·운영하려는 자는 시장·군수·구청장의 인가를 받아야 한 다(법 제13조).

물음 13-4
국공립어린이집 외에 어린이집을 설치·운영하려는 자는 시장, 군수, 구청장에게 ____ ____를 받아야 한다.

대통령이 정하는 일정 규모 이상의 사업(시행령 제20조에 규정되 어 있으며 상시 여성근로자 300명 이상 또는 상시근로자 500명 이상을 고용하고 있는 사업장을 말한다)의 사업주는 직장어린이집을 설치 하여야 한다(법 제14조). 어린이집은 기본보육(어린이집을 이용하 는 모든 영유아에게 필수적으로 제공되는 과정으로, 보건복지부령으로

보육지원체계 개편

정하는 시간 이하의 보육)과 연장보육(기본보육을 초과하여 보호자의 욕구 등에 따라 제공되는 보육)으로 보육시간을 구분하여 운영할 수 있다(법 제24조의2).

어린이집의 원장은 어린이집 운영의 자율성과 투명성을 높이고 지역사회와의 연계를 강화하여 지역 실정과 특성에 맞는 보육을 실시하기 위하여 어린이집에 어린이집 운영위원회를 설치·운영할 수 있다. 어린이집 운영위원회는 그 어린이집의 원장, 보육교사 대표, 학부모 대표 및 지역사회 인사(직장어린이집의 경우에는 그 직장의 어린이집 업무 담당자로 한다)로 구성한다. 이 경우 학부모 대표가 2분의 1 이상이 되도록 구성하여야 한다. 운영위원회는 아동학대 예방에 관한 사항도 포함하여 심의하며 연간 4회 이상 개최하여야 한다(법 제25조).

시·도지사 또는 시장·군수·구청장은 어린이집 보육환경을 모니터링하고 개선을 위한 컨설팅을 하기 위하여 부모, 보육·보건 전문가로 점검단을 구성·운영할 수 있다(법 제25조의2). 그리고 보호자는 영유아의 보육환경·보육내용, 어린이집 운영실태 확인을 위해 원장에게 어린이집 참관을 요구할 수 있다(법 제25조의3).

보건복지부장관은 영유아의 안전과 보육서비스의 질 향상을 위하여 어린이집의 보육환경, 보육과정 운영, 보육인력의 전문성 및 이용자 만족도 등에 대하여 정기적으로 평가를 실시하여야 한다(법 제30조).

(2) 보육교직원

"보육교직원"이란 어린이집 영유아의 보육, 건강관리 및 보호자와의 상담, 그 밖에 어린이집의 관리·운영 등의 업무를 담당하는 자로서 어린이집의 원장 및 보육교사와 그 밖의 직원을 말한다(법 제2조 제5호). 어린이집에는 보육교직원을 두어야 하며, 보육교사의 업무부담을 경감할 수 있도록 보조교사 등을 둔다. 휴가 또는 보수교육 등으로 보육교사 업무에 공백이 생기는 경우, 대체 교사를 배치한다(법 제17조).

보육교사의 어려움

5) 재정(비용): 무상보육

무상보육과 관련된 비용부담은 다음과 같다(법 제34조). 국가와 지방자치단체는 영유아에 대한 보육을 무상으로 하되, 그 내용 및 범위는 대통령령으로 정한다. 국가와 지방자치단체는 장애아 및 「다문화가족지원법」 제2조 제1호에 따른 다문화가족의 자녀의 무상보육에 대하여는 대통령령으로 정하는 바에 따라 그 대상의 여건과 특성을 고려하여 지원할 수 있다. 무상보육 실시에 드는 비용은 대통령령으로 정하는 바에 따라 국가나 지방자치단체가 부담하거나 보조하여야 한다. 보건복지부장관은 표준보육비용을 결정하기 위해 3년마다 조사를 실시하며, 중앙보육위원회의 심의를 거쳐 결정한다.

3. 한부모가족지원법

1989년 「모자복지법」 제정 이후 여러 차례 개정작업이 이루어지다가 2002년 12월에는 모자가정에서 부자가정까지 기존의 「모자복지법」과 같은 내용을 적용하도록 확대하는 법률 개정이 이루어졌다. 이에 2002년 12월 기존의 「모자복지법」 법명이 「모·부자복지법」으로 변경되었으며, 다시 2007년 10월에 「모·부자복지법」에서 「한부모가족지원법」으로 법명이 변경되면서 조손가족 등도 지원할 수 있도록 하였다.

1) 목적

이 법은 한부모가족이 안정적인 가족 기능을 유지하고 자립할 수 있도록 지원함으로써 한부모가족의 생활 안정과 복지 증진에 이바지함을 목적으로 한다(법 제1조).

2) 대상

이 법의 대상자는 다음에 해당하는 모 또는 부로서 아동[1]인 자녀를 양육하는 자를 말한다. 즉, 배우자와 사별 또는 이혼하거나

한부모가족 개요

---

1) 18세 미만(취학 중인 경우에는 22세 미만을 말하되, 「병역법」에 따른 병역의무를 이행하고 취학 중인 경우에는 병역의무를 이행한 기간을 가산한 연령 미만을 말한다)의 자를 말한다.

배우자로부터 유기(遺棄)된 자, 정신이나 신체의 장애로 장기간 노동능력을 상실한 배우자를 가진 자, 교정시설·치료감호시설에 입소한 배우자 또는 병역복무 중인 배우자를 가진 사람, 미혼자[사실혼(事實婚) 관계에 있는 자는 제외]로서 여성가족부령이 정하는 자로 한다(법 제5조).

여성가족부령인 시행규칙 제3조에는 "지원대상자의 범위는 여성가족부장관이 매년 「국민기초생활 보장법」 제2조 제11호에 따른 기준 중위소득, 지원대상자의 소득수준 및 재산의 정도 등을 고려하여 지원의 종류별로 정하여 고시한다."라고 규정되어 있다. 즉, 모든 한부모가족을 지원하는 것이 아니라 저소득 한부모가족만 지원하고 있는 것이다. 지원대상자 중 아동의 연령을 초과하는 자녀가 있는 한부모가족의 경우 그 자녀를 제외한 나머지 가족구성원을 지원대상자로 한다.

지원대상자의 특례는 크게 세 가지이다(법 제5조의2).

첫째, 혼인 관계에 있지 아니한 자로서 출산 전 임신부와 출산 후 해당 아동을 양육하지 아니하는 모가 미혼모자가족복지시설을 이용할 때에는 이 법에 따른 지원대상자가 된다.

둘째, 부모가 사망하거나 생사가 분명하지 아니한 아동, 부모가 정신 또는 신체의 장애·질병으로 장기간 노동능력을 상실한 아동, 부모의 장기복역 등으로 부양을 받을 수 없는 아동, 부모가 이혼하거나 유기하여 부양을 받을 수 없는 아동 및 이에 준하는 자로서 여성가족부령으로 정하는 아동과 그 아동을 양육하는 조부 또는 조모로서 여성가족부령으로 정하는 자는 이 법에 따른 지원대상자가 된다.

셋째, 국내에 체류하고 있는 외국인 중 대한민국 국민과 혼인하여 대한민국 국적의 아동을 양육하고 있는 모 또는 부로서 대통령령으로 정하는 사람이 보호대상자(제5조)에 해당하면 이 법에 따른 지원대상자가 된다.

3) 급여

여성가족부장관은 한부모가족지원을 위한 정책수립에 활용하기 위하여 3년마다 한부모가족에 대한 실태조사를 실시하고 그 결과를 공표하여야 한다(법 제6조).

(1) 복지급여

국가나 지방자치단체는 제11조에 따른 복지급여의 신청이 있으면 생계비, 아동교육지원비, 아동양육비, 그 밖에 대통령령으로 정하는 비용의 복지급여를 실시하여야 한다. 아동양육비를 지급할 때에 미혼모나 미혼부가 5세 이하의 아동을 양육하거나 34세 이하의 모 또는 부가 아동을 양육하면 예산의 범위에서 추가적인 복지급여를 실시하여야 한다. 그리고 국가나 지방자치단체는 이 법에 따른 보호대상자의 신청이 있는 경우에는 예산의 범위에서 직업훈련비와 훈련기간 중 생계비를 추가적으로 지급할 수 있다(법 제12조).

물음 13-5

아동양육비 지급 시 ____세 이하 아동을 양육할 경우 추가적인 복지급여를 실시하여야 한다.

(2) 복지자금

국가나 지방자치단체는 한부모가족의 생활안정과 자립을 촉진하기 위하여 사업에 필요한 자금, 아동교육비, 의료비, 주택자금, 그 밖에 대통령령으로 정하는 한부모가족의 복지를 위하여 필요한 자금 중 어느 하나의 자금을 대여할 수 있다(법 제13조). 앞의 복지급여와 복지자금은 다른 것이므로 구분해야 한다.

(3) 가족지원서비스

국가나 지방자치단체는 한부모가족에게 다음의 가족지원서비스를 제공하도록 노력하여야 한다(법 제17조). 가족지원서비스는 아동의 양육 및 교육서비스, 장애인·노인·만성질환자 등의 부양서비스, 취사·청소·세탁 등 가사 서비스, 교육·상담 등 가족관계 증진 서비스, 인지청구 및 자녀양육비 청구 등을 위한 법률상담, 소송대리 등 법률구조서비스, 그 밖에 대통령령으로 정하는 한부모가족에 대한 가족지원서비스 등이다.

(4) 청소년 한부모 교육 및 자립지원

청소년 한부모[2]에 대한 교육지원은 다음과 같다(법 제17조의2). 국가나 지방자치단체는 청소년 한부모가 학업을 할 수 있도록 청소년 한부모의 선택에 따라 다니던 학교의 학적 유지를 위한 지원 및 교육비 지원 또는 검정고시 지원, 학력인정 평생교육시설에 대한 교육비 지원 등을 할 수 있다. 그리고 청소년 한부모에 대한

---

2) 청소년 한부모란 24세 이하의 모 또는 부를 말한다.

자립지원은 다음과 같다(법 제17조의4). 국가나 지방자치단체는 청소년 한부모가 주거마련 등 자립에 필요한 자산을 형성할 수 있도록 재정적인 지원을 할 수 있다. 이에 따른 지원으로 형성된 자산은 청소년 한부모가 이 법에 따른 지원대상자에 해당하는지 여부를 조사·확인할 때 이를 포함하지 아니한다.

(5) 자녀양육비 이행지원

여성가족부장관은 자녀양육비 산정을 위한 자녀양육비 가이드라인을 마련하여 법원이 이혼 판결 시 적극 활용할 수 있도록 노력하여야 한다(법 제17조의3).

4) 한부모가족복지시설

한부모가족복지시설

한부모가족복지시설은 모자가족복지시설(기본생활지원, 공동생활지원, 자립생활지원), 부자가족복지시설(기본생활지원, 공동생활지원, 자립생활지원), 미혼모자가족복지시설(미혼모자가족과 출산 미혼모 등 기본생활지원, 공동생활지원), 일시지원복지시설(배우자가 있으나 배우자의 물리적·정신적 학대로 아동의 건전한 양육이나 모의 건강에 지장을 초래할 우려가 있을 경우 일시적 또는 일정 기간 동안 모와 아동 또는 모에게 주거와 생계를 지원하는 시설), 한부모가족복지상담소 등이 있다(법 제19조).

국가나 지방자치단체는 한부모가족복지시설을 설치할 수 있다. 제19조에 따른 한부모가족복지시설의 장은 청소년 한부모가 입소를 요청하는 경우에는 우선 입소를 위한 조치를 취하여야 한다.

국가나 지방자치단체 외의 자가 한부모가족복지시설을 설치·운영하려면 시장·군수·구청장에게 신고하여야 한다(법 제20조).

5) 재정(비용)

국가나 지방자치단체는 대통령령으로 정하는 바에 따라 한부모가족복지사업에 드는 비용을 보조할 수 있다(법 제25조).

> ### 핵심 정리
>
> 「아동복지법」은 아동이 건강하게 출생하여 행복하게 안전하게 자랄 수 있도록 아동의 복지를 보장하는 것을 목적으로 한다. 아동학대란 보호자를 포함한 성인에 의하여 아동의 건강·복지를 해치거나 정상적 발달을 저해할 수 있는 신체적·정신적·성적 폭력이나 가혹행위를 하는 것과 아동의 보호자가 아동을 유기하거나 방임하는 것을 말한다.
> 「영유아보육법」은 영유아의 심신을 보호하고 건전하게 교육하여 건강한 사회 구성원으로 육성함과 아울러 보호자의 경제적·사회적 활동이 원활하게 이루어지도록 함으로써 가정복지 증진에 이바지함을 목적으로 한다.
> 「한부모가족지원법」은 한부모가족이 건강하고 문화적인 생활을 영위할 수 있도록 함으로써 한부모가족의 생활안정과 복지 증진에 이바지함을 목적으로 한다. 그러나 모든 한부모가족을 지원하는 것이 아니라 자산조사를 통해 저소득한부모가족만 지원한다.

물음에 대한 답

13-1. 보건복지부장관은 5년마다 아동학대뿐만 아동안전, 생활환경 등 아동의 종합 실태를 조사하고 공표하여야 한다.

13-2. 아동학대란 보호자를 포함한 성인에 의하여 아동의 건강·복지를 해치거나 정 상적 발달을 저해할 수 있는 신체적·정신적·성적 폭력이나 가혹행위를 하는 것과 아동의 보호자가 아동을 유기하거나 방임하는 것을 말한다.

13-3. 지역사회 아동의 보호·교육, 건전한 놀이와 오락의 제공, 보호자와 지역사회 의 연계 등 아동의 건전 육성을 위하여 종합적인 아동복지서비스를 제공하는 시설은 지역아동센터이다.

13-4. 국공립어린이집 외에 어린이집을 설치·운영하려는 자는 시장, 군수, 구청장 에게 인가를 받아야 한다.

13-5. 아동양육비 지급 시 5세 이하 아동을 양육할 경우 추가적인 복지급여를 실시 하여야 한다.

287

참고문헌

감정기, 최원규, 진재문(2010). 사회복지의 역사. 경기: 나남출판.

고용노동부(2010). 고용보험백서.

고용노동부(2019). 2019년 한권으로 통하는 고용노동정책.

국가인권위원회(2011). 인권의 해설. 국가인권위원회.

국민건강보험공단(2018). 2018년 사업장업무편람.

국민연금공단(2014). 2014년 알기 쉬운 국민연금 사업장 실무안내.

국민연금공단(2017). 2017년 알기 쉬운 국민연금 사업장 실무안내.

국민연금공단(2018). 2019년 알기 쉬운 국민연금 사업장 실무 안내.

김경우(2005). 사회보장론. 서울: 대왕사.

김기원(2000). 공공부조론. 서울: 학지사.

김두식(2011). 헌법의 풍경. 서울: 교양인.

김성옥(2008). 한국 사회복지정책 개념의 시론. 장안학회, 28, 109-133.

김수정(2019). 사회복지법제와 실천. 서울: 학지사.

김승열(2008). 법령입안. 2008년 중앙행정기관 법제업무담당자 연찬회 자료집. www.klaw.go.kr.

김영화, 박태정, 장경은(2008). 사회복지정책론. 경기: 공동체.

김태성, 김진수(2005). 사회보장론. 서울: 청목출판사.

김훈(2009). 사회복지법제론(3판). 서울: 학지사.

나채준(2013). 사회복지분야의 특정행정심판제도 정비방안 연구. 한국 법제연구원.

남기민, 홍성로(2007). 사회복지법제론. 경기: 공동체.

남기민, 홍성로(2011). 사회복지법제론(3판). 경기: 공동체.

노동부, 근로복지공단(2010). 2010년 산재·고용보험 실무편람.

박광덕(1998). 현대사회복지정책론. 서울: 박영사.

박광준(2013). 사회복지의 사상과 역사. 경기: 양서원.

박병현(2011). 사회복지정책론. 경기: 학현사.

박석돈(2002). 사회복지법제의 이해. 경기: 양서원.

박치상, 정상양, 김옥희, 강종수, 고관용, 정희경(2015). 한국 사회복지법 강의(제5판). 서울: 학지사.

보건복지부(2011). 의료급여사업 안내.

보건복지부(2020). 2020년 기초연금 사업안내.

서동우(2007). 정신보건의 역사적 변화 선상에서 본 우리나라 정신보건법의 문제와 개선안. 보건복지포럼, 123, 42-56.

손윤석(2012). 사회보험관련법상 특별심판제도에 대한 고찰: 일반행정 심판제도와의 통합에 관한 논의를 중심으로. 법학연구, 53(1), 89-114.

원석조(2010). 사회복지정책론. 경기: 공동체.

윤찬영(2010). 사회복지법제론. 경기: 나남출판.

이명남(2008). 사회복지법제론. 서울: 창지사.

이준일(2004). 사회적 기본권. 헌법학연구, 10(10), 449-482.

인권정책연구소(2012). 인권 10강. 인권정책연구소.

장하준(2010). 그들이 말하지 않는 23가지. 서울: 부키.

조영규(2008). 법령체계와 입법절차. 시·도 법률교육 및 법제업무담당자 연찬회 자료집. www.klaw.go.kr

조휘일, 이윤로(1999). 사회복지실천. 서울: 학지사.

차병직, 윤재왕, 윤지영(2016). 지금 다시, 헌법. 경기: 위즈덤하우스.

한희원(2012). 국제인권법원론: 이론과 케이스. 서울: 삼영사.

현외성(2009). 한국사회복지법제론. 경기: 양서원.

황선영, 노병일, 김세원(2009). 사회복지정책론. 서울: 창지사.

Lampert, H. (1994). 윤여덕 역. 사회정책론. 서울: 민영사.

고용보험 www.ei.go.kr

국민건강보험공단 www.nhic.or.kr

국민연금공단 www.nps.or.kr

네이버 백과사전 www.naver.com

노인장기요양보험 www.longtermcare.or.kr

대한민국 국회 www.assembly.go.kr

법제교육포털 edu.klaw.go.kr

법제처 www.moleg.go.kr

보건복지부 www.mw.go.kr

자치법규정보시스템 www.elis.go.kr

통계청 www.kostat.go.kr

찾아보기

저자 소개

김수정(Kim Soojung)

이화여자대학교 및 동 대학원 사회복지학과에서 학위를 받
았다. 국회의원 비서관 및 한국사회복지사협회 교육훈련팀
팀장으로 일하면서 사회복지법의 제ㆍ개정 과정에 직접 참
여하였다. 이러한 현장에서의 경험을 통해 사회복지법의 중
요성을 체득했다. 주요 관심사는 사회복지사들의 사회행동
으로, 이를 통해 사회복지법의 제ㆍ개정 과정에 적극적으로
참여하여 사회복지법이 인권을 기반으로 권리를 보장해 주
는 내용으로 갖추어지기를 바라고 있다. 현재 국제사이버대
학교 사회복지학과 교수로 재직 중이다. 저서로는 『사회행
동입문』(공저, 양서원, 2006), 『사회복지법제와 실천』(학지
사, 2019)이 있으며, 주요 논문으로는 「사회복지사의 노동
권 확보 방안 모색을 위한 연구」(2015), 「사회복지 현장실
습 참여 대학생의 권리에 관한 탐색적 연구: 학습권 및 노동
권의 측면에서」(2인 공동, 2017), 「사회복지분야 내부 공
익제보자 경험 연구」(2018), 「인권관점에서 살펴본 장애
아동 성폭력범죄 판례연구」(2인 공동, 2018), 「특정경제범
죄법상 횡령ㆍ배임죄의 양형 연구: 사회복지법인과 생활시
설을 중심으로」(2019), 「사회복지시설종사자 성범죄 양형」
(2020) 등이 있다.

사회복지법제와 실천
핵심 가이드

Social Welfare Law and Practice

2021년 2월 15일 1판 1쇄 인쇄
2021년 2월 25일 1판 1쇄 발행

지은이 • 김수정
펴낸이 • 김진환
펴낸곳 • (주)**학지사**

04031 서울특별시 마포구 양화로 15길 20 마인드월드빌딩
대표전화 • 02)330-5114   팩스 • 02)324-2345
등록번호 • 제313-2006-000265호

홈페이지 • http://www.hakjisa.co.kr
페이스북 • https://www.facebook.com/hakjisa

ISBN 978-89-997-2336-0 93330

정가 15,000원

출판 · 교육 · 미디어기업 **학지사**

간호보건의학출판 **학지사메디컬** www.hakjisamd.co.kr
심리검사연구소 **인싸이트** www.inpsyt.co.kr
학술논문서비스 **뉴논문** www.newnonmun.com
원격교육연수원 **카운피아** www.counpia.com